KB220975

사장은
무엇을
해야
하는가

사장은 무엇을 해야 하는가

10년 후에도
살아남는
원칙의 경영

아타라시 마사미 지음
임정희 옮김

이아소

사장은 무엇을 해야 하는가

초판1쇄 발행 2011년 12월 15일
초판3쇄 발행 2014년 10월 10일

지은이 아타라시 마사미
옮긴이 임정희
펴낸이 명혜정
펴낸곳 도서출판 이아소

등록번호 제311-2004-00014호
등록일자 2004년 4월 22일
주 소 121-841 서울시 마포구 월드컵북로5나길 18 대우미래사랑 1012호
전 화 (02)337-0446 │ **팩 스** (02)337-0402

책값은 뒤표지에 있습니다.
ISBN 978-89-92131-54-4 03320

도서출판 이아소는 독자 여러분의 의견을 소중하게 생각합니다.
E-mail : iasobook@gmail.com

사장이 반드시 알아야 할 경영의 원리원칙

얼마 전에 서점에 들렀을 때 서가에 나란히 꽂혀 있는 책들을 둘러보다가 문득 재미있는 점을 하나 발견했다. 눈이 핑핑 돌 정도로 비즈니스 트렌드가 바뀌고 있다는 것이다.

1960년대부터 현재에 이르기까지 경영의 키워드로 어떤 것이 유행했을까? 그것을 한눈에 알아볼 수 있게 정리한 것이 다음의 표이다. "이런 주제의 책은 나도 갖고 있는데.", "아, 이런 말이 유행했었나?", "우리 회사에서도 이런 것을 실시한 적이 있었지." 하고 새삼스러운 기분에 젖는 독자도 있을지 모르겠다.

하나의 키워드가 나타나면 수많은 사람들이 한 목소리를 낸다. 이거야말로 미래의 경영에 가장 중요한 테마가 될 거라고 말이다. 그리고 셀 수 없을 정도로 많은 관련 서적이 쏟아져 나온다. 그런데 그런 키워드가 불과 1~2년 사이에 사라져버리고 만다. "이 경영 전략이야말로 조직의 존재 방식을 근본적으로 바꾸어놓을 것이라고 생각했는데, 이로써 경영에도 혁명이 일어날 것이라고 생각했는데, 막상 실천해보니 아무런 효과도 쓸모도 없었다." 어쩌면 이런 이야기들을 많이 하고 있을지도 모르겠다. 이렇게 정리해놓고 보니, 그때그때 경영 환경에 따라 생겨났다가 물거품처럼 사라져버린 경영 키워드가 얼마나 많은지 실감하게 된다.

'불역유행(不易流行, 바꿀 것은 바꾸되 바꾸지 말아야 할 것은 바꾸지 말아야 한다)' 이라는 말이 있다. 엄청나게 쏟아져 나오는 경영 키워드야말로 바로 '유행' 에 해당할 것이다.

그렇다고 해서 내가 유행하고 있는 경영 키워드를 전면적으로 부정하는 것은 아니다. 불역과 유행은 서로 보완하고 보충하는 관계이다. 유행은 시간이 흐름에 따라 잘 삭아서 불역의 일부가 되고, 불역을 끝까지 파고들어 간 끝에 탄생하는 것이 유행이다. 유행은 생겨났다가 사라지고, 사라졌다가 생겨난다. 그 특성만 제대로 이해한다면, 유행하는 것 가운데 쓸 만한 것을 찾을 수 있다.

그러나 현실을 보면, 수많은 기업이 어지럽게 변해 가는 유행만을 뒤따르고 있는 듯하다. 혹시 정말로 소중한 불역은 잊어버리고 있는 것이 아닐까? 혹시 경영의 불역을 완전히 몸에 익히지도 못한 채로 유행의 파도에 따라 회사를 끌고 다니면서, 1원이라도 더 많은 이익을 내는 것이 가장 중요하다고 오해하고 있는 것은 아닐까?

비즈니스 업계의 유행어

1970년대	매트릭스 조직(matrix organization) 위원회 경영 플렉스타임(flex time) 제로베이스 예산(zero base budget)
1980년대	사내기업가 경영 품질관리 서클(Quality Control Circle) 제트 이론(Z theory) 간판 방식(TPS : Toyota Production System) 데밍(Deming)의 14원칙 자기관리 팀
1990년대 이후	전략적 제휴 핵심역량(core competence) 성과주의 TQM(Total Quality Management, 전사적 품질경영) 리엔지니어링(reengineering) 매스커스터마이제이션(masscustomization) 비전을 제시하는 리더십(visionary leadership) EQ(emotional quotient) 경계 없는 조직 학습하는 조직 아웃소싱 권한 위양(empowerment) 일과 삶의 균형(work life balance) e-리더십 가상조직(virtual organization) 지식경영(knowledge management) 균형성과표(BSC : Balanced Score Card) M&A(mergers and acquisitions) 그룹 경영 기업의 사회적 책임(CSR : Corporate Social Responsibility) 기업지배구조(corporate governance) SCM(Supply Chain Management, 공급망 관리) 기술경영(MOT: Management Of Technology) 응급처치 경영

요 몇 년간 비즈니스 최전선에서 진두지휘를 맡고 있는 경영자들을 보면서, 내 마음속에는 이런 생각이 나날이 깊어지고 있었다.

나는 지금까지 세 회사에서 사장직을, 한 회사에서 부사장직을 맡아서 일했다. 지금은 여러 회사에 경영 관련 자문을 해주고 있다. 오랜 시간 동안 경영에 종사한 덕분에, 지금은 기업 수장에게 10분 정도 이야기를 듣고 나서 회사 안을 슬쩍 둘러보면, "이 회사는 성장하겠다.", "좀 위험하다.", "꽤 위험하다." 하는 판단이 선다.

어떻게 그것이 가능할까? 업종이나 업계와 관계없이 기업 경영의 근간 중 80퍼센트는 똑같기 때문이다. 나머지 20퍼센트는 상품이나 유통, 장사 습관의 차이 같은 변동 요소인데, 이것은 6개월에서 1년 정도 공부하면 습득할 수 있는 부분이다. 그러므로 180도 다른 업종에서 사장으로 취임해 온다 해도 전혀 문제될 것이 없다. 중요한 것은 '불역'에 해당하는 근간 80퍼센트, 즉 경영의 원리원칙을 숙지하는 것이다.

지금 눈앞에는 해결해야 할 과제가 산더미처럼 쌓여 있을 것이다. 거기다가 경영 환경에 거센 겨울바람이 몰아치고 있는 상황이라면, 한가한 소리만 늘어놓고 있을 때가 아니다. 몇몇 회사에서 사장으로 일했고 지금도 많은 회사에서 경영 자문역을 맡고 있는 나로서는 뼈저리게 공감이 되는 부분이다.

그렇다고 해도 꼭 하고 싶은 말이 있다. 오히려 엄동설한이 닥쳐왔기 때문에 일단 멈춰 서야 한다고, 경영이란 것이 본래 무엇이며 더 좋은 회사를 만들 수 있는 원리원칙이 무엇인지 다시 한 번 인식해야 한다고 말이다.

이 책은 반세기에 걸쳐 쌓은 나의 비즈니스 경험과 거기서 우러나온 경영의 원리원칙을 간결하게 집약해 놓은 것이다. 모두 7개 장으로 나누어 30가지 항목을 다루고 있는데, 조직을 이끄는 입장에 있는 사람이라면 누구나 명심해야 할 내용이다.

얼핏 보기에는 "뭐야, 당연한 소리잖아." 또는 "이미 수없이 들은 말이야."라는 느낌이 들지도 모르겠다.

그렇지 않다. 회사를 망하게 한 사장들에게는 공통된 특징이 하나 있다. 바로 이 경영의 원리원칙을 숙지하지 않았다는 점이다. 반대로 잘되고 있는 회사의 사장을 보면, 비록 경영 환경이 열악한 시기일지라도, 아니 오히려 환경이 열악할수록 경영의 원리원칙을 절대로 잊지 않고 있다.

너무나 힘든 상황에 몰리다 보면 어디서부터 손을 대야 할지 한숨이 나올 것이다. 매출이나 이익이 제대로 나오지 않으면 "뭐가 잘못되었을까?", "어떻게 하면 좋을까?" 하며 이런저런 고민에 빠질 것이다. 때로는 불안과 공포에 주저앉을 것 같은 자신을 추스르면서, 우리 회사를 승리하는 기업으로 키워내겠다고 굳은 다짐을 할 것이다. 이렇게 많은 생각을 하면서 긍정적인 문제의식과 위기감을 품고 있는 당신에게, 이 책이 도움이 될 것이라고 나는 확신한다.

차례

살아남아 이기는 회사가 되기 위한 7가지 원칙

첫째, 회사를 망하게 해서는 안 된다

지금 경영자들이 처해 있는 상황을 둘러보면, 한가하게 배부른 소리를 하고 있을 때가 아니다. 말 그대로 엄동설한이다.

경영의 관점에서 볼 때, 이런 엄동설한의 시기에는 어떤 일이 벌어지는가? 우선 매상이 30퍼센트 줄어든다. 가격을 인하하라는 고객들의 요구에 단가도 10퍼센트 떨어진다. 그리고 신용 리스크가 5배 커진다. 그보다 더 심한 상황이라고 해도 전혀 이상할 것이 없는 시기다. 게다가 그런 일들이 마치 줄 끊어진 두레박 떨어지듯 어, 어, 하는 사이에 한꺼번에 들이닥치고 있다.

그런 상황이니만큼 본격적으로 더 좋은 회사를 만드는 원리원칙을 알아보기 전에 가장 먼저 확실히 해두어야 할 것이 있다. 두말할 필요도 없이 회사를 망하게 해서는 절대로 안 된다는 것이다. 이런 시기에는 더 좋은 회사를 만들기 위해 근본적인 치료를 하기에 앞서, 일단 회사를 살려 놓고 보는 응급처치가 중요하다. 아무리 수술에 성공했다 해도 환자가 사망하면 모든 것이 통째로 날아가 버린다. 경영자가 저지르는 가장 큰 죄는 회사 문을 닫는 것이라는 말도 있지 않은가?

회사가 도산할 때는 손익계산서에 문제가 있어서가 아니라 현금흐름 때문인 경우가 훨씬 많다. 이익은 났는데 현금이 부족한, 소위 흑자 도산인 것이다. 실제로 도산하는 기업의 3분의 1이 흑자 도산이라고 한다. 위급한 상황에서 갑자기 은행이 군량미 공급을 거절하는 바람에 도산에 몰리는 사례는 일일이 셀 수도 없을 정도로 많다. 그러므로 은행과 관계를 잘 유지하고, 불필요한 부동산은 처분하고, 재고를 줄이고 외상 대금을 회수하려고 노력해 현금을 안전하게 확보할 수 있어야 한다.

무엇보다 반드시 피해야 할 것은 적자 도산이다. 설사 적자가 나더라도 다음 분기를 기대할 수 있어야 한다. 어두운 터널 끝에서 반짝이는 빛을 보여줄 수 있어야 한다. 여기서 필요한 것이 슬림화다. 경비, 비용, 경우에 따라서는 인건비 삭감으로 이 고비를 견뎌야 한다.

적자를 피할 수 있는 매상 목표와 이익 목표를 세우고, 그 목표를 달성하는 데 필요한 하나의 방편으로 슬림화 안도 만든다. 비상사태라면 경영자는 40퍼센트, 사원은 20퍼센트 정도 인건비를 삭감할 수밖에 없다. 생존하는 데 필요한 일련의 조치를 설정한 다음, 그것을 사원들에게 전달한다. 사원 전원이 '건전한 위기감'과 '긴급함에 대한 인식'을 공유할 필요가 있다. 한 사람 한 사람의 역할은 다르지만, 회사라고 하는 배는 모두가 함께 저어 가야 하기 때문이다.

아무리 노력해도 결과가 생각대로 나오지 않을 때

사실은 아무리 훌륭하게 경영을 해도 좋은 결과가 나오지 않는 경우가 있다. 올바른 방향으로 잘 가고 있는데도 좋은 성과를 거두지 못하는 일이 현실의 경영 세계에서는 일어날 수 있다는 말이다. 특히 전 세계적인 경제 환경에 거친 겨울바람이 불고 있을 때는 좋은 결과를 내기가 쉽지 않다.

실제로 하버드 비즈니스 스쿨에서 "이익의 원천은 무엇인가?"를 분석하는 연구가 행해진 바 있다. 그랬더니 뜻밖에도 이익을 발생시키는 요인 중 46퍼센트가 회사의 외적 요소, 즉 경제를 포함한 외부 환경에 있다는 결과가 나왔다(도표 0-1). 다시 말해 아무리 훌륭하게 경영을 하더라도 외부 요인이 나쁘면 좋은 실적을 내기가 어렵다는 말이다.

그래도 이익은 내야 한다. 특히 바로 지금 그 문제가 더더욱 크게 대두하고 있다.

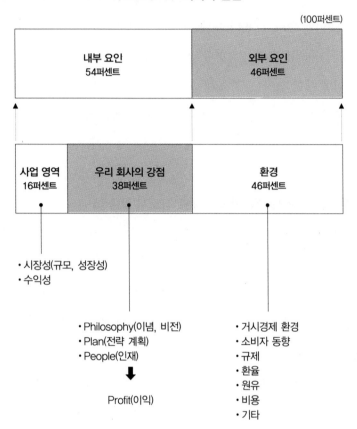

| 도표 0-1 | **이익의 원천**

(100퍼센트)

내부 요인 54퍼센트	외부 요인 46퍼센트

사업 영역 16퍼센트	우리 회사의 강점 38퍼센트	환경 46퍼센트

· 시장성(규모, 성장성)
· 수익성

· Philosophy(이념, 비전)
· Plan(전략 계획)
· People(인재)

Profit(이익)

· 거시경제 환경
· 소비자 동향
· 규제
· 환율
· 원유
· 비용
· 기타

출처 : 스티븐 브래들리(Stephen P. Bradley) 교수(하버드 비즈니스 스쿨)

이익을 발생시키는 원천 중 54퍼센트는 내부 요인이 차지한다.
우리 회사의 강점(이념, 전략 계획, 인재 등)인 경영 능력과 시장성(규
모와 성장성) 그리고 수익성이 예상되는 사업 영역을 분석하고 파악
하는 것. 올바른 경영의 원리원칙이 적용되는 부분은 바로 여기에

있다.

이 말을 거꾸로 하면 이렇게 된다. 불황일 때 내부 요인의 질을 높여 놓으면, 외부 요인이 호전되어 순풍이 불어올 때 틀림없이 그 실력에 상응하는 이익이 따라오게 되어 있다는 것이다. 이와 같이 당분간은 망하지 않기 위한 처치가 필요하다. 그렇다고 언제까지나 축소만 하면서 균형을 유지하고 계속 움츠리고만 있어서는 안 된다. 그런 상태로는 기업의 발전도 없고 미래도 없다. 엄동설한에 대처하는 한편, 봄맞이를 대비해 씨를 뿌리고 장래의 성장을 준비할 필요가 있다.

'살아남는 회사'가 아니라 '살아남아 이기는 회사'가 되기 위해서
어려운 시기는 인재를 육성하는 아주 좋은 기회라 할 수 있다. 경기가 좋을 때는 누구나 좋은 성과를 낸다. 그러나 불황일 때는 다르다. 사원들의 진짜 실력을 시험해볼 수 있는 기회이자 사원들을 훈련시킬 수 있는 절호의 기회이기도 하다. 파나소닉 창립자 마쓰시타 고노스케는 "호황은 좋다. 불황은 더 좋다."라는 말을 남겼다. 불황의 시기를 회사를 변화시키는 좋은 기회로 삼았기 때문일 것이다.

일본에는 약 250만 개의 회사가 있다고 하는데, 나는 회사를 세 종류로 나누어서 생각한다. 하나는 망하는 회사이다. 1000만 엔 이상의 부채를 안고 도산하는 회사가 연간 약 1만 6,000개에 이른다고 한다.

두 번째는 살아남는 회사이다. 이런 회사의 특징은, 일단 망하지 않고 본다는 것이다. 큰 실적을 올리지는 못하지만 아무튼 도산만은 면하고 있는 것이다. 이것이 살아남는 회사이다. 영어로 말하자면 서바이벌 기업이라 하겠다.

마지막 하나가 살아남아 이기는 회사이다. 살아남아 이기는 회사의 특징은 무엇인가? 매상이 늘어나고 이익이 증가하는 회사이다. 뿐만 아니라 증가율이 회사가 속해 있는 업계 평균보다 높고 경쟁 회사보다 높다. 안일한 낙관주의에 빠지는 일도 없고, 박하게 봐도 장래의 성장 그래프가 우상향을 그릴 것으로 예상된다. 또 고객들도 회사를 좋게 평가하고 고마워하며 좋아한다. 무엇보다 사원들이 행복해하고, 일을 통해서 자신을 연마하며, 늘 즐겁게 일한다. 바로 이것이 살아남아 이기는 회사의 공통점이자 특징이다.

어느 업종, 어느 업계를 보아도 살아남아 이기는 회사는 그렇게 많지 않다. 기껏해야 3~5퍼센트 정도일 것이다. 그렇기 때문에 지향할 만한 의미가 있다. 경영자라면 누구든지 살아남는 회사가 아니라 살아남아 이기는 회사를 만들고 싶을 것이다.

여기서 꼭 명심해 주었으면 하는 것이 경영의 원리원칙이다. 우선은 눈앞의 큰불부터 꺼야 할 것이다. 그러나 그것만으로는 그저 살아남는 회사에 그칠 뿐이다. 살아남아 이기는 회사가 되려면, 미래를 똑바로 바라보고 튼튼한 기초 만들기를 준비해야 한다. 지금 경영자들에게 요구되고 있는 것이 바로 그것이다.

그러기 위해서 이제부터 소개할 경영의 원리원칙을 잘 읽고, 충분히 자기 것으로 만들기 바란다. 지금 잘하고 있는 것과 그렇지 못한 것을 확실히 파악해서, 살아남아 이기는 회사로 성장해 나가는 길을 확립하기 바란다. 그 끝에는 틀림없이 '살아남아 이기는 기업 창조' 라는 미래가 기다리고 있을 것이다.

1장

비전,
죽은 기업도
다시 일으켜 세운다

우리 회사가 장래에 어떤 회사가 되면 좋을까 하는 꿈과 이상과 비전, 기업시민으로서 누구를 위해서 어떻게 도움이 될 것인가 하는 사명감, 매일 일을 하면서 무엇을 중요하게 생각할 것인가 하는 가치관이 있다면, 이런 철학을 가지고 있는 회사의 직원은 단순히 단기이익만을 추구하는 집단에 비해 4배나 더 큰 일을 할 수 있다.

액자 속에서 잠자고 있는
경영 이념을 살아 움직이게 하라

사람은 큰 믿음이 있을 때 큰일을 할 수 있다

갑자기 이념이니 비전이니 하는 말을 꺼내자니 "그런 번드르르한 소리는 필요 없다." 또는 "어떻게 하면 돈을 벌 수 있는지나 알려 달라." 하는 목소리가 들리는 것 같다. 그런 마음을 나도 잘 안다. 그러나 경영의 원리원칙으로서 반드시 첫 번째로 꼽아야 할 주제가 바로 기업의 이념과 비전이라고 나는 생각한다.

이념과 비전이란 말을 듣는 순간, 김샜다는 표정을 짓는 경영자를 만날 때가 있다. 그럴 때는 "당신은 그래서 안 되는 거요.", "그러니까 좋은 결과가 안 나오지."라는 말을 해주고 싶은 유혹을 느낀다. 왜냐하면 이념과 비전을 만들어 회사 안팎으로 확산시키는 것이 바로 '돈 버는 일'로 직결되기 때문이다.

구체적인 출처는 잊어버렸지만 재미있는 통계가 있다. 일본에서 20년에 걸쳐 경상이익률 증가 및 경영이익률과 경영 이념의 유무에 관해 연구 조사가 진행된 적이 있다. 그 결과 밝혀진 내용은 다음과 같다. 경영 이념이 없는 기업의 경영이익액은 20년 동안에 3.6배밖에 증가하지 않은 데 비하여, 이념이 있는 기업은 7.8배에 이르렀다고 한다. 또 경영이익률도 이념이 없는 기업이 2.16퍼센트인 데 비하여 이념이 있는 기업은 8.07퍼센트로, 약 4배의 차이를 보이고 있었다.

단적으로 말하자. 경영 이념을 만들어 널리 확산시키는 것은 결과적으로 이익으로 연결된다. 왜 그럴까? 인간은 큰 것을 믿을 때 큰일을 할 수 있는 존재이기 때문이다.

매상을 올리고 이익을 늘리는 것이 작은 목표라는 말이 아니다. 아주 크고 중요한 일이다. 그러나 우리 회사가 장래에 어떤 회사가 되면 좋을까 하는 꿈과 이상과 비전, 기업시민으로서 누구에게 어떻게 도움이 될 것인가 하는 사명감, 경영에 있어 무엇을 중요하게 생각할 것인가 하는 가치관을 가지고 있는 회사의 직원은 단순히 단기이익만을 추구하는 집단에 비해 훨씬 큰일을 할 것이다. 이때 큰일이란 얼마나 더 큰 일일까? 일본의 경우를 보자면, 앞에서 이야기한 바와 같이 4배 정도 더 큰 일이라고 할 수 있다.

액자 속에 모셔둔 비전은 아무 소용이 없다

이념과 비전이란 말을 들으면 이렇게 말하는 사람이 있다. "아, 그런 거, 우리 회사에도 있습니다. 사장실에도 멋진 액자에 넣어 잘 걸어 놨고, 사원들한테도 카드에 인쇄해서 나누어 주고 있어요." 그러나 이념이란, 있으면 그걸로 족한 것이 아니다.

기업 연수에 강사로 초청을 받아서 갔을 때, 아주 크고 멋지게 '인화(人和)'라고 쓰인 휘호가 사장실에 소중하게 모셔져 있는 광경을 볼 때가 있다. 뭐냐고 물으면, 회사의 이념이라고 한다.

그 이념과 비전은 회사 안에 얼마나 넓고 깊게 확산되어 있을까? 인화라는 말이 쓰인 멋진 액자가 사장실에 걸려 있다는 것은 부장들도 다들 알고 있다. 그러나 그 이념이 과연 현장에서도 살아 숨 쉬고 있느냐 하면, 전혀 그렇지 않은 경우가 많다. 각 부서 사이에 제휴 관계가 전혀 없고, 사내 어디서도 활기찬 대화가 오가는 것을 들을 수 없으며, 같은 프로젝트 팀원이면서도 업무를 보완하고 협력하는 모습을 찾아볼 수가 없다.

이념과 비전이란, 사용하지 않으면 아무런 의미가 없다. 아무리 좋은 것이 있어도 쓰지 않으면 없는 것과 마찬가지다.

기업 이념과 관련하여 기업의 실제 상황을 다음과 같이 네 가지로 나누어 볼 수 있다.

① **부정형:** 말 그대로 경영 이념이 없는 회사다. 아무튼 돈만 벌

면 되지 이념 같은 건 필요 없다고 믿는다. 그런 데서 돈이 나오느냐며 처음부터 무시하기로 작정한 회사다. 또 기업의 성장과 발전에 원동력이 되는 경영 이념의 중요성을 깨닫지 못한 회사도 있다. 깨닫지 못하고 있으니 사용할 생각도 할 수가 없다.

② **암묵형:** 사장 한 사람 또는 사장을 포함한 임원 두세 명이 가슴속에 어떤 것을 품고는 있으나 드러나 있지 않다. 구체적인 형태로 명시되어 있지 않은 회사.

③ **형해형(形骸形):** 이념이 종이 위에 쓰여 있고 그 종이가 사원들의 손에 들려 있다. 사장실에도 멋진 액자 속에 들어가 벽에 걸려 있지만, 그게 다다. 살아 있지 않은 것이다.

④ **활성형:** 이념과 비전이 살아 숨 쉬고 있으며 업무상의 도구로 쓰이고 있는 회사. 경영과 업무의 기초가 되고, 사원들의 가치 판단이나 행동의 기준이 되고 있다.

현재 기업들의 실태는 어떤가? 내가 느끼는 바로는, 아무리 후하게 생각해도 활성형은 2~3퍼센트에 지나지 않는다. 중소기업은 거의 대부분이 부재형이거나 암묵형이고, 대기업에는 형해형이 많은 것이 사실이다. 물론 바람직한 형태는 활성형이다.

이념과 비전은 업무상의 도구가 되어야 한다

내가 존슨앤드존슨 사장에 취임했을 때 가장 먼저 한 일은 3P, 즉

'Philosophy(이념, 비전)', 'Plan(전략 계획)', 'People(인재)'을 다시 한 번 재확인하는 것이었다.

다행스럽게도 존슨앤드존슨에는 세계적으로 잘 알려져 있는 훌륭한 경영 이념이 있다. 바로 '우리의 신조(Our Credo)' 라는 것이다 (도표 1-1). 이렇게 훌륭한 이념이 있는데도, 회사에서 충분히 활용하고 있다고 보기는 어려운 상황이었다. 사실 이념이나 비전을 업무상의 도구로 활용하려면 그에 상응하는 노력이 있어야 한다.

기업에는 이념이 중요하고 우리의 신조가 중요하다고, 사장이 100만 번을 노래한다고 해서 사원이 움직이는 것은 아니다. 열심히 하라고 아무리 사원들에게 이야기해도 조금도 달라지지 않는 사원이 많다. 사장이 애써 강조하는 것만으로 회사가 바뀌지는 않는다.

이념과 비전을 철저히 확산시켜야 하는 이유를, 사원들이 납득할 수 있는 방식으로 전달하는 것이 중요하다. 나는 다음과 같은 다섯 가지 이유를 종이에 적어 사원들에게 제시했다.

① 다양화 시대의 구심력

다양화란 세계화나 다양성 확대만을 의미하는 것이 아니다. 50대 사원과 20대 사원은 같은 말을 쓰고 있어도 가치관이 크게 다르다.

다양한 가치관을 지닌 사람들을 고용해서 경영을 하다 보면, 자칫 달갑지 않은 원심력이 발동하여 조직이 산산이 흩어질 가능성이 있다. 그러므로 국적이나 나이, 경력에 상관없이 이 회사에서 일

| 도표 1-1 | 존슨앤드존슨의 '우리의 신조'

우리의 첫째 책임은 우리의 상품과 서비스의 수요자인 의사, 간호사, 환자와 자녀를 가진
아버지와 어머니를 비롯한 모든 사람에게 대한 것이라고 믿는다.
그들의 요구에 부응하기 위해 우리의 상품은 항상 최고의 품질이 유지되어야 한다.
우리는 적절한 상품 가격을 유지하기 위하여 원가를 절감하는 노력을 끊임없이 정주해야
한다.
우리는 고객의 주문을 신속하고 정확하게 처리해야 한다.
우리의 제품을 취급하는 사업자도 정당한 이익을 올릴 수 있도록 해야 한다.

우리의 둘째 책임은 전 세계 어디서나 우리와 같이 근무하는
모든 남녀 직원에 대한 책임이다.
모든 직원은 각자가 한 인간으로서 대우받아야 한다.
우리는 그들의 인간적인 존엄성을 중시하고 각 개인의 가치를 인정해야 한다.
우리는 모든 직원이 안심하고 직무를 수행할 수 있도록 해야 한다.
대우는 정당하고 적절하여야 하며, 근무 환경은 청결하고 잘 정돈되고 또한 안전해야 한다.
우리는 모든 직원이 그들의 가족에 대한 책임을 다할 수 있도록 세심하게 배려해야 한다.
직원들은 각자의 의견을 개진하거나 고충을 토로하는 데 자유로워야 한다.
직원의 채용, 능력 개발 및 자질을 갖춘 직원의 승진에 있어서는 균등한 기회가 제공되어
야 한다.
우리는 우수한 경영진과 관리자를 확보해야 하며,
경영 관리는 공명정대하고 도덕적 바탕 위에 이루어져야 한다.

우리의 셋째 책임은 우리가 생활하고 근무하고 있는 지역사회는 물론 세계 공동체에 대한
책임이다.
우리는 선량한 시민이 되어야 하며, 선행과 자선을 베풀고 적절한 세금을 부담해야 한다.
우리는 사회의 발전, 건강과 교육의 증진을 위하여 노력해야 한다.
우리는 우리에게 특별히 제공된 모든 시설을 최상의 상태로 관리 유지하고, 환경과 천연
자원을 보호해야 한다.

우리의 마지막 책임은 회사의 주주에 대한 책임이다.
우리의 사업은 건전한 이익을 올릴 수 있어야 하며, 우리는 새로운 아이디어를 끊임없이 창
출해야 한다.
연구개발을 계속 수행해야 하고, 혁신적인 프로그램을 기획해야 하며, 실패의 경우는 이를
극복해 나가야 한다.
새로운 장비를 구입해야 하며, 새로운 시설을 제공해야 하고 새로운 상품을 개발해야 한다.
또한 역경에 대비한 대책을 항상 강구해야 한다.
우리는 이러한 원칙에 의거하여 사업을 수행함으로써 주주들이 정당한 이익 배당을 받을
수 있게 해야 한다.

하고 있는 한은 이것을 기본으로 삼는다고 하는 회사의 헌법 같은 것이 필요하다. 이것이 이념이다.

'다양성 시대의 구심력', 이것이 경영의 흔들림을 방지해 준다. 흔들림을 방지하면 생산성 향상으로 이어진다. 생산성 향상은 곧 실적 향상으로 연결된다.

② 이념의 공유에 따른 사원들의 자긍심과 자신감

이념의 내용은 비전과 사명감과 가치관이라고 생각한다. 경영의 수장이 사원들에게 "물건을 팔아 와라.", "돈을 벌어 와라.", "대금을 받아 와라." 하면서 채찍을 휘두르는 회사가 있다. 한편 "우리 회사의 이념은 이렇다.", "돈을 벌기 이전에 이런 사상과 철학이 있다.", "우리에게는 이런 책임이 있다." 하는 말을 사장이 온 마음으로 사원들에게 되풀이하는 회사가 있다. 사원들의 마음속에 자긍심과 자신감이 생겨나는 회사는 과연 어느 쪽일까?

나아가 우리 회사가 이런 이념을 가지고 있다고 부모나 자식, 친구나 연인에게 자랑스럽게 말할 수 있는 사원들이 어떻게 일할지는 충분히 예상할 수 있을 것이다.

③ 이해관계자에게 신뢰와 존경을 받는다

거래처나 고객과 같은 이해관계자에게 "저 회사는 이념이 분명해.", "조직에 혼이 들어가 있어." 하는 말을 듣는다면, 이는 곧 신뢰와 존경으로 이어질 것이다. 이해관계자의 신뢰와 존경, 이것보다 더 중요한 경영 자원은 없다.

④ 훌륭한 인재를 쉽게 채용할 수 있다

훌륭한 이념이 있는 회사에는 훌륭한 인재들이 모여든다. 실제로 내가 존슨앤드존슨에서 사장으로 있을 당시 경력사원 채용 면접을 보았을 때의 일이다. 8년에 걸쳐 수백 명을 면접하면서 왜 우리 회사를 지원했는지 그 동기를 물었을 때, 3분의 2 정도가 '우리의 신조' 라는 이념을 꼽았다. 좋은 기업 이념은 좋은 인재를 끌어들이는 자석과 같은 효과를 발휘한다.

⑤ 실적이 향상된다

이념은 결국 실적으로 연결된다.

경영자나 사원이 판단을 내리기 어려울 때 기준이 되는 근본

그래서 '우리의 신조' 가 중요한 것이라고 나는 사원들에게 되풀이해서 이야기했다. 모든 사원들에게, 특히 그중에서도 지위가 높은 임원들에게 더 강조했다.

부문 간 연락회의나 중역회의를 비롯해서 사내에 중요한 미팅이 있으면, 언제나 '우리의 신조' 가 쓰여 있는 종이를 들고 그 자리에 참석했다. 어떤 판단을 할 때 '우리의 신조' 를 바탕으로 삼고자 하는 생각도 있었지만, 사원들의 주의와 관심을 촉구하려는 목적도 있었다. 예를 들어 제조업체에서는 영업 부서와 제조 부서가 대립하는 일이 흔히 일어난다. 왜냐하면 이해가 대립되기 때문이다. 미팅 자리에서 서로 한 치의 양보도 하지 않아 회의 분위기가 험악해지면, 나는 어김없이 '우리의 신조'를 꺼내 들었다. "잠깐만 기다리시오. 지금 여러분의 의견 대립은 우리의 신조에 비추어 볼 때……." 하고 서두를 꺼낸다.

"우리의 신조에는 소비자와 고객에게 도움이 되는 일을 완벽하게 수행할 수 있을 때까지 사원은 견뎌야 한다고 쓰여 있습니다. 회사 안에서 집안싸움을 하고 있을 때가 아니지요. 어떤 판단을 내려야 할지 혼란스러울 때 그 근거가 되는 것이 우리의 신조입니다. 고객에게 도움이 되는 일을 하는 것이 첫 번째로 중요해요. 사원도 물론 중요하긴 하지만 두 번째인 겁니다."

존슨앤드존슨은 미국에 본사를 두고 있는 기업으로서, 우리의 신조에도 나와 있듯이 이해관계자의 가장 높은 자리에 있는 것은 주주가 아니다. 고객, 사원, 사회에 책임을 완수할 때까지 주주 여러분은 기다려 달라고 우리의 신조는 말하고 있다. 주주는 그것을 받아들이고 계속 주주로 남는다. 오늘 사고 내일 파는 투기꾼이 아니라, 기본적으로 중장기적인 책임감을 가지고 있는 투자자인 것이다.

존슨앤드존슨은 100년이 넘는 역사를 지니고 있으며 칭찬받는

기업으로 세계에 알려져 있다. '우리의 신조'가 영어로는 'Credo'
인데, 발음이 비슷한 말로 'Greed(탐욕)'가 있다. '신조'가 있는 회
사와 그저 이익을 추구하는 데만 몰두하는 '탐욕'의 회사, 이 둘의
차이는 비교할 수 없을 만큼 크다.

그래서 나는 몇몇 중역에게 '우리의 신조' 전도사 역할을 맡겼
다. 내 분신과도 같은 전도사의 수를 점점 늘리자, 이념과 비전에
대한 사내의 인식이 크게 바뀌기 시작했다.

그리고 앞에서 이야기한 3개의 P를 열심히 추구한 결과, 네 번째
P인 'Profit', 이익을 손에 넣게 되었다. 이념을 중시한 결과 회사는
이익을 실현할 수 있었던 것이다.

살아 있는 기업 이념의 10개 조건

결과를 얻고 싶으면 우선 이념으로 되돌아와야 한다. 모든 일에는
순서가 있다. 나는 마음속으로 그렇게 믿는다. 이미 이념과 비전을
갖고 있는 회사도 있을 것이다. 또 있기는 한데 업무상 도구로써 제
기능을 다하지 못하고 있는 회사도 있을 것이다. 이제부터 새로운
이념과 비전을 생각해보고자 하는 회사도 있을 것이다. 부재형을
유재형으로, 암묵형을 명시형으로, 형해형을 활성형으로 만들자.
여기서 내가 만든 '살아 있는 기업 이념의 10개 조건'을 소개하겠
다. 꼭 참고해주기 바란다.

① 종이에 써서 눈에 잘 띄는 곳에 둔다

암묵형처럼 상징으로 그치는 것이 아니라, 종이에 써 놓은 글을 명시형으로 드러내는 것이 중요하다. 글귀를 회사 입구와 사무실 벽에도 붙여 놓고, 사원들이 항상 휴대하도록 해서 언제나 눈에 잘 띄게 해놓는다.

② 표현, 내용, 길이 등이 사용자 친화적이며 고무적이어야 한다

이념이 너무 길면 사람들이 쉽게 읽기가 어렵다. 앞에서 말한 '인화'와 같이 한마디로 끝나는 것은 또 너무 짧다. 너무 길어도 안 되고 너무 짧아도 안 된다. 기억력이 좋은 젊은 사람이 1시간이면 거의 내용을 기억할 수 있는 정도가 적당하다. 무엇보다 중요한 것은 읽는 사람의 마음이 고무되어야 한다는 것, 자긍심과 자신감을 높여주는 것이어야 한다.

③ 사원들이 이념을 만드는 과정에 함께 참여한다

사장 한 사람이 생각하는 것보다 나름대로 뜻이 있고 생각이 있는 사원, 문제의식을 갖고 있는 사원들이 모여 함께 의논을 하는 것이 좋다. 최종적인 결정은 사장이 하겠지만, 만드는 과정에 일정한 수의 사원을 끌어들이면 그 결과물에 대해 '우리 것'이라는 생각과 주인의식이 생긴다.

④ 이념에 관해 회사 안팎의 이해관계자들과 열심히 의사소통한다

사장은 언제 어디서나 기회 있을 때마다 이념과 비전의 존재와
그 내용에 대해서 자신의 언어로 끊임없이 이야기해야 한다. 사원
들이 "사장, 또 시작이다."라고 생각할 정도가 딱 좋다. 이념에 관
한 의사소통만큼은 "지나침은 모자람만 못하다."가 아니라 "지나
침은 모자람을 이긴다."이다.

**⑤ 경영에 관해 어떤 판단이나 결정을 할 때 또는 업무 현장에서
'업무상의 도구'로 사용되어야 한다**

그저 말로만 존재하는 것이 아니라 회의를 할 때나 의사결정을
해야 할 때 판단 기준으로 사용되어야 한다. 있어도 쓰지 않으면 없
는 것과 같다.

⑥ 차별화되어 있어야 하고, 전략의 근원으로서 기능해야 한다

다른 회사의 기업 이념과 비교했을 때 차별화가 되어야 하고, 분
명하게 각이 서 있어야 한다. 그리고 그 연장선 위에 앞으로 전개할
두 번째 P(Plan: 전략 기획)가 놓여 있어야 한다. 다시 말해 이념과
전략이란 표리일체로 연결되어 있어야 하는 것이다.

⑦ 정기적으로 실천 평가를 실시하고 시정 조치를 행해야 한다

존슨앤드존슨에서는 전 세계 관련 회사를 대상으로 1년에 한 번

씩 '우리의 신조 조사'(Credo Survey)를 실시하고 있다. 한 나라에서 우리의 신조가 실제로 어느 정도나 사용되고 있는지, 또 사원들은 어느 정도나 이것을 도구로 사용하고 있는지를 조사하는 것이다. 항목은 수십 개에 이르며, 마치 사장의 성적표 같은 분위기다. 사원들의 평가 결과에 따라 우리의 신조가 충분히 활용되고 있지 않은 것으로 밝혀지면, 사장은 이 상황을 어떻게 개선할 것인지에 대한 실천계획서를 제출해야 한다. 같은 일을 한다 해도 '그냥 하는 것'과 '철저히 계속하는 것' 사이에는 엄청난 차이가 있다. '당연히 해야 할 일을 철저하게 하는 것'이 중요하다는 것을 항상 명심하자.

⑧ 필요에 따라 계속 수정해 나간다

필요하면 수정한다. 세계적으로 알려진 우리의 신조도 3년에 한 번씩 전 세계 사장들이 모여 개정안을 놓고 토의했다. 실제로 제안이 올라와 바뀐 내용도 몇 개 있다(물론 전면적인 것이 아니라 부분적인 개정이다).

소비자가 변하고 유통이 변하고 기술이 변하고 정부 규제가 변하는데, 한 기업의 이념이 영원히 변하지 않는다는 것은 있을 수 없는 일이다. 유일하게 변하지 않는 것은 변화뿐이라는 말도 있다.

⑨ 전 세계적으로 통용되어야 한다

지금 경제와 경영은 빠르게 세계화가 진행되고 있다. 따라서 우리 회사의 이념과 비전도 세계적으로 통용되는 것이어야 한다. 설사 지금은 국내 시장만을 상대하고 있다 할지라도, 앞일은 알 수 없다. 예를 들면 미국 회사가 만든 '우리의 신조'만 해도 그렇다. 미국인에게만 적용되고 일본인이나 프랑스인에게는 통용되지 않는 항목은 전혀 없다. 전 세계적으로 통용되는 것이란 바로 이런 것이다.

⑩ 수장의 강력한 책임감이 구체적인 형태로 나타나 있어야 한다

이념과 비전은 경영 수장 스스로가 강한 주인의식을 가지고 항상 생각하고 있는 내용이어야 한다. 적어도 이념을 만들고 운용하는 일을 인사부나 경영기획부에 통째로 맡겨서는 안 된다. 회사의 혼을 만들어내는 일에 최종적으로 책임을 져야 할 사람은 그 회사의 수장이다. 수장에게 그런 책임 의식이 있는지 없는지 사원들이 안 보고 있는 것 같아도, 사실은 다들 주시하고 있다는 것을 알아야 한다.

이념과 비전은 사원 가족들에게도 자긍심과 자신감을 준다

사실 내가 42세에 존슨앤드존슨으로 가기로 결심한 데 결정적으로 작용한 것은 헤드헌터가 보여준 '우리의 신조'였다. 나는 깊은 감명을 받았다. '미국에도 이렇게 훌륭한 이념을 가진 회사가 있다니!' 참으로 신선하고 놀랄 만한 발견이었고, 비즈니스맨의 가슴을 고무하는 이념이었다.

그리고 뜻밖에도 아내가 내 전직을 크게 기뻐해주었다. 회사만 놓고 보자면, 이전에 있던 청량음료 회사 쪽이 훨씬 더 널리 알려져 있었다. 그때만 해도 존슨앤드존슨은 일본에서는 그다지 지명도가 높지 않은 회사였다. 그러나 아내는 존슨앤드존슨이 좋은 이념을 가지고 사회를 위해 좋은 일을 하는 회사라는 이야기를 들었다며 남편이 이런 회사에서 일한다는 것을 자랑스럽게 이야기할 수 있다고 말했다. 회사가 지향하는 바가 사원 가족들에게도 자긍심과 자신감의 근원이 되고 있었던 것이다.

이념과 비전은 있으나 충분한 이익을 내지 못하는 회사와, 이익은 잘 내고 있으나 이념과 비전이 없는 회사 중에서, 희망을 걸 수 있는 회사는 어느 쪽이냐는 질문을 받은 적이 있다. 그 대답은 분명하다. 틀림없이 전자이다.

이미 이야기했지만, 비즈니스 성과에는 외부 요인이 크게 영향을 미친다. 경영을 뛰어나게 잘하고 있어도 외부에서 불어오는 겨울바람은 어떻게 할 도리가 없다. 어느 정도 대처야 할 수 있겠지만 바람의 방향을 바꿀 수는 없기 때문이다. 그러나 제대로 된 길을 똑바로만 간다면, 외부 요인이 호전되어 순풍이 불어올 때 틀림없이 좋은 결과를 기대할 수 있다.

반대로 이익을 잘 내고 있다고 해도 이념이나 비전이 없는 회사에는 잠재적인 위험이 도사리고 있다. 커다란 위기 상황이 닥치거나 경제 불황의 바람이 불어오면 그대로 무너져버릴 위험이 있는 것이다.

경영의 신이라 불리는 마쓰시타 고노스케는 다음과 같은 '평범한 명언'을 남겼다.

성공하는 회사는 왜 성공하고 있는가?
성공할 수 있도록 하고 있기 때문이다.
망하고 있는 회사는 왜 망하고 있는가?
망하도록 하고 있기 때문이다.

경영의 발목을 붙잡는 역풍이 강하게 불면 불수록 경영자에게 요구되는 것이 바로 '성공할 수 있도록' 하는 '경영의 원리원칙'이다.

오래가지 못하는 회사에는 이유가 있다

기업인 모임에서 한 투자회사 사장이 요즘 젊은 비즈니스맨들이 벤처 회사를 많이 세우고 있다는 이야기를 한 적이 있다. 그 젊은이들이 얼마나 정열적일지는 쉽게 상상할 수 있을 것이다. 그런데 그 중에서 3~4년을 버티는 비율이 겨우 20퍼센트 정도에 지나지 않는다고 한다. 뿐만 아니라 3~4년이 넘어가면 그 20퍼센트 가운데 또 80퍼센트가 사라진다는 것이다. 다시 말해 6년 정도 지나면 4~5퍼센트밖에 남지 않는다는 이야기다.

남은 회사와 사라진 회사는 무엇이 다른 것일까? 조사 결과, 망하지 않은 회사에는 사회나 고객에게 도움이 되고자 하는 이념이 있었다고 한다. 반면에 망한 회사의 공통점은, 경영자의 가장 큰 목표가 단기적인 이익 창출이었다. 오래가지 않는 회사에는 그 나름의 이유가 있었던 것이다.

그럭저럭 기업 규모가 성장했다 하더라도 그리고 상장을 했다 하더라도 마찬가지다. 요 근래의 일만 생각해봐도 그렇다. "기업 가치를 최대화한다!"라고 목소리를 높이면서 이익 내기에만 열을 올리던 회사의 말로는 결코 밝지가 않았다. 살아남는 기업이 되는 데 왜 이념과 비전이 필요한가? 이에 대해서는 수많은 사례가 그 이유를 대신 말해주고 있다.

정열이 없는 경영자는
당장 나가라

경영자에게 가장 필요한 자질

이 세상에는 경영자와 리더를 위한 책이 흘러넘친다. 그런 책들을 슬쩍 훑어보기만 해도 경영자에게 어떤 자질과 조건이 요구되는지 금방 알 수가 있다. 선견지명, 결단력, 행동력 등 이런저런 말이 다양하게 들어 있을 것이다. 그중에서 특히 중요한 것 한 가지를 꼽으라고 한다면, 나는 조금도 주저하지 않고 '정열'이라고 대답할 것이다.

여기서 주의해야 할 것이 있다. 내가 말하는 정열에는 '올바른 방향을 향하고 있는 정열'이라는 전제조건이 붙어 있다. 역사적인 인물 중에는 엄청난 잘못을 저지른 이들도 많다. 이들 중에는 정열이 넘치는 인물이 많았다. 그러나 정열을 쏟는 방향이 잘못되어 있었다. 멀리는 히틀러가 그랬고 최근에는 사담 후세인을 비롯해 일일이 다 셀 수 없을 정도로 많다.

정열은 올바른 방향을 향한 것이어야 한다. 이 세상을 더 좋게 만들고 사람들을 행복하게 해주는 것이어야 한다. 그것이 '대의'(大義)이다.

대의의 내용은 사람에 따라서 달라진다. 예를 들면 "우리 회사를 이 나라 최고의 회사로 만들겠다.", "시장 점유율이 세계 제일인 회사를 만드는 게 목표다.", "사원이 그 어느 회사보다 행복하게 일할 수 있는 회사를 만들겠다." 등이 있을 수 있다. 어느 것이 되었든 중요한 것은 올바르고 긍정적이고 강한 정열이어야 한다는 점이다.

당연한 말이지만, 정열은 경영자가 갖춰야 할 필수조건이지 충분조건은 아니다. 조미료로 음식의 맛을 낼 수는 있어도 조미료만으로 살아갈 수 없는 것처럼, 정열이 넘친다고 그것만으로 경영자가 될 수는 없다. 그러나 최소한 대의에 바탕을 두고 있는 정열이 수장의 가슴속에서 끓어 넘치고 있다면, 이것만으로도 수장에게 요구되는 능력의 51퍼센트는 갖추었다고 말할 수 있을 것이다.

19세기 미국의 사상가이자 시인이었던 랠프 에머슨(Ralph Waldo Emerson)은 이런 유명한 말을 남겼다.

"정열이 없으면, 어느 것 하나도 위대한 일을 달성할 수 없다."

또 기업 재생 전문가로 유명한 일본전산의 나가모리 시게노부 회장도 사원들에 대해 '능력 5배, 정열 100배' 라는 말로 설명한 적이 있다. 사원 100명의 업무 능력은 최대치와 최소치 사이에 대략 5배 정도 차이가 나지만, 정열에는 100배나 큰 차이가 있다는 것이다. 그리고 사원들의 업무 방식에 큰 변화를 가져오는 것은 능력이 아니라 바로 정열이라는 것이다. 나 역시 그 점에 동감한다. 개중에는 정열이 제로인 사원도 있다. 제로 상태는 다른 어떤 것과 비교하더라도 무한대의 차이가 나므로, '능력 5배, 정열 무한대'가 오히려 맞는 말일지도 모른다.

경영자의 강한 정열은 회사 전체로 전염된다

정열이란 관점에서 볼 때, 이 세상의 비즈니스맨은 다음과 같이 크게 다섯 가지 유형으로 나누어볼 수 있다.

① **자연형(自燃形) 인간:** 무엇인가를 꼭 이루겠다거나 훌륭한 회사를 만들겠다는 의지와 야망을 품고 있고, 누가 말하지 않아도 스스로 추진하며 정열을 지속시키는 유형이다.

이 유형을 나는 자연형 인간이라고 부른다. 그 비율은 전체 비즈니스맨의 5~10퍼센트 정도가 될 것이다. 수는 적지만 바로 이런 사람이 사람을 움직이고 회사를 움직이는 원동력이 된다.

② **가연형 인간:** 자기 스스로 불타오르지는 않으나 누가 성냥만 그어 주면 타오르는 유형이다. 이 유형이 가장 많으며 대략 80퍼센트 이상을 차지하고 있다고 본다.

③ **불연형 인간:** 스스로 불타지도 않고 다른 사람이 성냥을 그어 주어도 절대로 타오를 줄 모르는 사람이 있다. 소위 불연형 인간이라고 할 수 있다. 불연형 인간에는 두 종류가 있다. 태어난 이후로 단 한 번도 불타오른 적이 없고 앞으로도 그럴 일이 없을 확정형 불연형이 그 하나다. 또 하나는 어쩌면 젊었을 때는 불타오른 적이 있을지 모르지만 지금은 다 타버려 재밖에 남지 않은 사람이라 하겠다.

④ **소화형 인간:** 존슨앤드존슨 사장으로 있을 때, 어느 날 임원회의에서 이런 일이 있었다. 인간에는 자연형, 가연형, 불연형 세 종류가 있다는 지론을 펴고 있었는데, 그 자리에 있던 한 임원이 한 가지 종류가 더 있다고 지적을 했다. 애써 붙여 놓은 정열의 불을 꺼버리는 인간이 있다는 것이다. 맞는 말이라는 생각이 들어 나는 그런 유형에게 '소화형' 이라는 이름을 붙였다. 소화형 인간은 어느 회사에나 1~2퍼센트 정도가 숨어 있는데, 경우에 따라서는 임원이나 부장급에 그런 유형이 있어서 골치를 썩이기도 한다.

⑤ **점화형 인간:** 앞에서 다룬 네 가지 외에 마지막으로 하나, 잊어서는 안 되는 유형이 있다. 이 세상 비즈니스 인구의 80퍼센트 이상을 차지하고 있는 가연형 인간의 마음에 정열의 불을 당길 줄 아는 인간이다. 성냥 긋는 방법을 알고 있는 사람을 나는 '점화형 인간' 이라고 부른다. 조직 전체에서 점화형 인간이 차지하

는 비율은 5퍼센트 정도가 아닐까 싶다.

이 다섯 가지 가운데 경영자는 두말할 것도 없이 자연형과 점화형에 속해 있어야 한다. 그러면 그중에서 어느 쪽을 더 먼저 마음에 새겨 두어야 할까? 자연형이다. 중국 고사에 '선시어외(先始於隗)'라는 말이 있다. 올바른 일, 해야 할 일을 남에게 요구하기 이전에 자기 자신부터 솔선해야 한다는 뜻이다.

경영자가 자연형으로 불타고 있으면, 시간이 흐름에 따라 흡사 열이 전도되듯이 정열의 불이 조직 전체로 번져가게 된다. 결과적으로 '불타오르는 조직'이 탄생하는 것이다.

정열의 불을 꺼뜨리지 않고 유지하는 두 가지 방법

그러면 자연형 인간으로서 정열의 불을 꺼뜨리지 않고 유지하려면 어떻게 해야 할까? 비록 한때 강렬하게 불타올랐다 하더라도, 밤하늘을 수놓으며 터졌다가 함성과 함께 사라지는 축제의 불꽃이 되어서는 곤란하지 않은가. 회사 경영의 철칙은 '계속기업'(Going Concern)이다. 경영자는 기업을 경영하여 '계속적인 번영'을 도모해야 한다. 기업이 영속하려면 수장의 정열이 밤하늘의 폭죽이 아니라 올림픽 성화처럼 꺼지지 말고 타올라야 한다. 다음 주자에게 바통을 넘겨줄 때까지 계속해서 뜨겁게 활활 타올라야 한다.

그러면 정열의 불꽃이 꺼지지 않고 타오르게 하려면 어떻게 해야 할까? 여기서 두 가지 방법을 소개할까 한다. 내가 30대 중반 무렵부터 지금까지 계속하고 있는 방법이기도 하다.

① '납득 목표'를 단기와 장기로 나누어 계속해서 추구한다

첫 번째 방법은 '단기 납득 목표'와 '장기 납득 목표'를 계속해서 추구하는 것이다.

다른 사람이 일방적으로 부여하는 목표는 '강제 목표'이다. 이에 비해 납득 목표는 자기 스스로 해보고 싶다는 생각이 드는, 흥미나 관심에서 생겨난 목표라 할 수 있다. 정열이 느껴지는 목표를 갖고 있으면 쉽게 포기할 생각이 나지 않는다.

이때 주의할 것은 목표와 소망은 다르다는 것이다. 서점에 가면 소망은 반드시 이루어진다고 이야기하는 책들이 죽 늘어서 있다. 그러나 소망한다고 해서 이루어지는 것은 아니라는 것을 누구나 알고 있다. 새해를 맞이하여 수많은 사람들이 '경기 회복'과 '매출 향상'을 기원하지만, 그런다고 해서 하느님과 부처님이 금세 그 청을 들어줄 리도 없다.

소망을 소망으로 끝내고 싶지 않으면 다음의 공식을 꼭 외워두기 바란다.

소망 + 시한 설계 + 행동 설계 = 목표

소망에 '시한 설정'(언제까지)과 '행동 계획'(어떻게 할 것인가)을 더하면, 소망이 목표로 변환된다.

납득 목표는 단기(1년 정도)와 중장기(3~10년)로 나누어 설정하는 것이 좋다. 그런데 단기 목표는 있으나 중장기 목표는 갖고 있지 않은 경영자가 많다. 그런 경우는 정열의 불을 태운다 해도 지속하기가 어렵다.

또 한 가지 중요한 것이 있다. 납득 목표를 그냥 추구하는 것이 아니라 끊임없이 추구해야 한다는 것이다. 하나의 목표를 달성했으면 다시 그다음 목표를 향해 달려가면서, 복수의 목표를 동시에 추구하는 것이다. 이렇게 하면 하나의 납득 목표를 달성함으로써 얻어진 성취감이나 만족감이 그다음 목표를 달성하는 데 좋은 연료 역할을 하게 된다. 무엇보다도 이렇게 되면 정열의 불꽃이 꺼지는 일을 막을 수가 있다.

② 정열의 불꽃을 나누어 주는 사람들과 가까이 지낸다

정열의 불꽃을 꺼뜨리지 않고 지필 수 있는 두 번째 방법은 정열의 불꽃을 나누어주는 사람들과 가까이 지내는 것이다.

"그 사람을 만나서 이야기를 하다 보면, 헤어질 때 왠지 의욕이 막 솟아." 혹시 여러분 주변에 이런 사람이 있는가? 단지 1시간 정도 이야기를 나누었을 뿐인데 용기, 패기, 활기, 의욕, 생기와 같은 '기운'을 나누어주는 사람, '열'을 전달해주는 사람이 있다.

반면에 "이 사람하고 만나서 30분쯤 차를 마시고 일어나면 왠지 어깨에 힘이 빠져."라는 생각이 드는 사람도 있다. 또 같이 있으면 왠지 슬프고 쓸쓸한 기분이 드는 사람도 있다.

최근에 이런 재미있는 말을 하나 발견했다.

"A man is a sum total of all the people he has met in his life."

(사람은 그 사람이 지금까지 인생 속에서 만난 모든 사람의 총화이다.)

다시 말해서 인간이란 좋든 나쁘든 자기가 만나는 사람한테서 아주 큰 영향을 받는 존재라는 말이다.

그러므로 항상 정열의 불을 활활 불태우는 리더로 살고자 하는 사람은 원기왕성한 사람과 가까이 하는 것이 좋다. 영업상 만나야 하는 사람이야 달리 도리가 없다. 그러나 스스로 선택할 수 있는 만남이라면 원기왕성하고 정열이 넘치는 사람과 가깝게 지내는 것이 좋다. 간단히 손익 계산서만 따져 봐도 당연히 이익이 아니겠는가?

경영자에게 지식이나 경험이 필요하다는 것은 더 말할 필요도 없다. 그에 못지않게 중요한 것이 정열의 불꽃을 나누어주는 사람과 만나야 한다는 것이다. 인간은 환경의 영향을 아주 크게 받는다. 자신이 만나는 사람도 넓은 의미에서는 환경의 일부인 것이다.

경영자 모임은 인맥과 자극의 원천이다

사장은 의견을 제시하거나 문서를 작성하거나 외부에 정보를 내보내는 기회가 많다. 말하자면, '방전'을 하는 것이다. 하지만 1년 내내 계속해서 방전만 하다가는 결국 배터리가 나가고 만다. 그렇기 때문에 사장은 그때그때 '충전'하는 일이 필요하다.

충전하는 장소로서 업종이 다른 사람들과 교류하는 모임에 얼굴을 내미는 것도 추천할 만한 방법이다. 나 또한 지금도 한 달에 두 번 정도는 경영자 모임에 참석하고 있다. 두 개 모임에 참석하는데, 각각 한 달에 한 번씩 열린다.

모임을 별로 좋아하지 않거나, 안 그래도 바쁜데 그런 데 나가는 게 무슨 쓸모가 있느냐고 생각하는 사람도 있을지 모르겠다. 사실 한 달에 한두 번 모임에 나가서 얻는 지식이나 정보라 봐야 별것도 없다. 어쩌면 빨리 집에 들어가서 책이라도 읽는 것이 지식을 얻는 데는 더 효율적일 수도 있다.

그런데 사실은 그렇지가 않다. 우선 그 모임은 보통 때 같으면 만날 일이 없는 뛰어난 사람들의 모임이다. 그 자리에 가면 회사에 처박혀 있어서는 경험할 수 없는 자극을 받을 수가 있다. "세상에 이렇게 뛰어난 사람이 있구나.", "이렇게 독특한 사람도 있구나." 하면서 신선하고 놀라운 발견을 하게 되는 것이다.

가슴에 정열을 품고 있는 사람에게는 이러한 자극이 굉장히 유용한 역할을 한다. 실제로 경영자 모임에 나와서 지식이나 정보만

얻으려 하는 사람은 별로 없으리라고 생각한다. 그보다 사람들은 활력이나 용기, 정열의 불꽃을 나누어 받는 데 더 큰 의미를 두고 있을 것이다. 여러분은 사장으로서 어떻게 '충전' 하고 있는가?

회사의 정열 지수를 측정하는 세 가지 방법

기업의 수장에게 정열이 있는지 없는지는 회사 분위기를 보면 금세 알 수 있다. 앞에서 이야기한 바와 같이 정열의 불꽃은 시간이 흐름에 따라 회사 전체로 번져 가기 때문이다. 우선 수장의 가슴속에 정열의 불이 활활 타오르고 있는 회사에 가보면, 간부 사원에서 현장의 말단 사원에 이르기까지 모두 얼굴 표정이 밝고 눈에서 빛이 난다. 여기에는 예외가 없다.

회사의 활성화 지수, 정열 지수를 측정할 수 있는 방법을 한 가지 소개하겠다. 나는 이런저런 기업의 의뢰를 받아 강연을 하러 가는 경우가 많은데, 활성화되어 있는 회사에는 다음과 같은 세 가지 특징이 있다.

첫째, 강연장 좌석이 맨 앞자리부터 채워진다. 맨 뒤부터 자리가 차는 회사는 뭔가 문제가 있다.

둘째, 강연을 들으면서 메모하는 사람들이 많다. 거의 2시간에 걸쳐 혼신의 힘을 다해 진지한 이야기를 하고 있는데, 단 한 번도 메모하는 모습을 보지 못한 경우도 있다. 솔직히 나로서는 이해가 안 되는 부분이지만, 실제로 그런 회사가 있다.

셋째, 웃음이 있다. 이 이야기는 나중에 다시 다루겠지만, 나는 강연을 하는 동안 분위기가 딱딱해지지 않도록 두세 번 정도 웃음이 나올 만한 대목을 마련해둔다. 일을 즐겁게 할 때 더 좋은 결과가 나오는 법이기 때문이다. 그런데 무슨 소리를 해도 썰렁한 얼굴로 멀뚱히 바라볼 뿐 웃음소리가 나오지 않는 회사가 있다. 그야말로 마이동풍에 우이독경으로 아무런 반응이 없는 것이다.

웃지 않는다는 것은 몸과 마음에 '피로'가 쌓여 있기 때문인 경우가 많다. 몸에 피로가 쌓였다는 것은, 야근이나 잔업이 매일같이 이어져 말 그대로 몸이 완전히 녹초가 되어 있다는 것이다. 여기에 수면 부족까지 겹치면 머릿속이 뿌옇고, 웃을 여유를 찾기가 어려울 것이다.

마음의 피로도 문제다. 코앞에 들이닥친 일을 온힘을 다해 열심히 하고는 있다. 그러나 회사의 장래나 방향성에 대해서는 아무것도 들은 바가 없고, 앞일은 어두우며 꿈이 없는 상태인 것이다.

여기에 한 가지를 덧붙이면, "질문 있습니까?"라는 말에 많은 사람의 손이 올라가야 한다. 안타깝게도 이런 경우는 거의 본 적이 없다.

당신은, 기꺼이 따르고 싶은 일류 리더인가

우수한 사원들이 느끼는 정신적 피로감

경영자에게 리더십이 중요하다는 말은 너무나 많은 사람들이 하는 말이다. 그러나 진짜 리더가 무엇인지 제대로 이해하고 있는 경영자는 그리 많지 않은 것 같다.

나는 여러 기업에서 요청을 받아 부장이나 과장급 사원을 대상으로 실시하는 연수 프로그램에 참여하고 있는데, 최근 몇 년 사이에 중견 사원들한테서 자주 듣는 말이 세 가지 있다. 피로감, 피폐함, 폐색감이라는 3종 세트다.

물론 5년 전이나 10년 전에도 이런 말을 들은 적이 있다. 그러나 빈도가 그때와는 비교가 되지 않게 높다. 게다가 더욱 관심을 끄는 것은 이런 말이 비교적 좋은 실적을 내고 있는 회사의 간부 사원 입에서 나오고 있다는 것이다.

세상만사 모든 일에는 다 원인이 있다. 그리하여 피로감, 피폐함, 폐색감의 원인이 무엇인지 찾아보았더니 과연 이유가 있었다.

상사나 윗사람은 "더 많이 팔아라. 더 많이 벌어라. 신규 시장을 개척해라. 신상품 개발을 서둘러라." 하면서 부하 직원의 등을 떠민다. 그러면 직원들은 사방팔방 뛰면서 목표를 달성하고 성과를 올린다. 단기간에 한정된 일이라면 어떻게 해낼 수도 있을 것이다.

그러나 이런 단기 목표만을 밤낮으로 추구하다 보면, 우수한 사원들이 정신적인 피로감을 느끼게 된다. "단기 목표를 달성했다. 그다음에 기다리는 건 또 뭔가?" 이런 생각을 하게 되는 것이다. 그 결과가 바로 피로감, 피폐함, 폐색감인 것이다.

터널 끝에서 반짝이는 빛을 보여주고 있는가?

내가 아는 한 중견 사원이 있다. 이 사람은 1년 중 3분의 1을 밤늦게까지 야근을 한다. 수면 부족으로 낯빛이 허옇고 늘 파김치가 되어 있는데, 그래도 절대 일을 그만둘 생각이 없다고 한다. 이유를 물었더니 이런 대답이 돌아왔다. "회사가 앞으로 더 크게 발전하기 위해서 수천억을 투자했는데, 그 싹을 틔우는 일을 내가 맡고 있기 때문이다." 그래서 열심히 일하고 있다는 것이다.

실적은 올리고 있지만 심신이 지친 사원과 매일 야근을 하면서도 활기차게 매진하는 사원의 차이는 무엇일까?

만약 여러분이 어두운 터널의 한가운데에 있다고 해보자. 비록 출구까지 몇 킬로미터라 할지라도, 멀리 저 끝에서 한 줄기 빛이 비치기만 한다면 그쪽을 향해 나아갈 힘이 생긴다. 그러나 출구까지의 거리가 채 1킬로미터가 안 된다 할지라도, 빛줄기가 보이지 않는다면 앞으로 나아갈 용기가 솟아나지 않는다.

앞에서 예를 든 사원의 경우도 이와 조금도 다를 바가 없다. 어떤 불평불만과 힘든 일이 코앞에 늘어서 있더라도, 터널 끝에서 반짝이는 빛만 보인다면 모든 것을 참고 덮을 수가 있을 것이다. 그러나 안타깝게도 저 끝의 빛은 보이지 않고, 앞날이 캄캄하기만 하다. 피로감, 피폐함, 폐색감이란 말이 사원들 입에 붙어 있는 가장 큰 이유는, 경영자가 회사의 앞날을 제시해주지 않기 때문이다.

혹시 자신은 방향성을 제대로 제시하고 있다고 반론을 펴고 싶은 경영자도 있을지 모르겠다. 그러나 잠깐 그 자리에 서서 스스로 물어보기 바란다. 일방적인 제시가 아니라, 정말로 사원들이 잘 이해하고 납득할 수 있는 형태로 회사의 장래 모습을 전달하고 있는지를 말이다. 이 질문에 대해 사원들이 "아니요."라고 대답한다면 그것은 방향성이 없는 것과 마찬가지다.

본래 '리드(lead)'라는 말은 길을 안내한다는 의미다. 리더란 길을 안내하는 사람이다. 밤낮으로 이번 달 매상이나 이번 주 대금 회수만을 생각한다면 부하 직원에게 길을 안내해 주는 리더가 아니다. 리드하고 있지 않은 사람은 리더가 될 수 없다.

"나를 따르라." 하며 억지로 끌고 가는 것은 삼류 리더나 하는 짓이다. 거기에는 '시키는 대로 하는 느낌' 밖에 없다. 이류 리더는 설명하고 설득해서 나름대로 납득을 시킨 다음에 길을 안내한다. 그러나 일류 리더는 다르다. 사람들이 즐겁게 따라간다. 왜 그럴까? 일류 리더는 모든 사람이 납득할 수 있는 '터널 끝의 빛'을 보여주기 때문이다. 저 끝의 빛을 보여주면 사원들의 마음은 시키는 대로 하는 데서 스스로 하고 싶은 쪽으로 변한다. 강제적인 동기가 스스로 불타오르는 동기로 바뀌는 것이다.

그러면 터널 끝의 빛이란 구체적으로 무엇을 가리키는 것일까? 이 부분은 제3장에서 자세히 다루기로 하자. 여기서 마음 깊이 새겨두었으면 하는 것은, 방향성을 제시하지 못하면 리더로서 사장으로서 자격이 없다는 점이다.

경영자에게 카리스마가 필요한가?

경영자를 대상으로 하는 강연회에서 자주 받는 질문인데, 내 대답은 정해져 있다. "있어도 좋고 없어도 좋다." 어느 쪽이든 좋다는 것이다.

전자사전에서 카리스마의 뜻을 찾아봤더니 '(특정 개인이나 지위에 갖추어진) 믿고 따르게 하는 힘, 권위'라고 나와 있다. 갖추어져 있다는 것은 말 그대로 이미 지니고 있다는 것으로, 억지로 연출할 수 있는 것이 아니다. 카리스마는 본질적으로 그 사람이 지니고 있어서 주변이 자연스럽게 인정해주는 것이다.

그러면 사람들은 어떤 때 카리스마를 인정하는 것일까?

어떤 경영자가 업무 능력과 인간적인 면에서 뛰어난 능력을 지니고 있고, 그 능력을 발휘하여 우수한 성과를 올리고 있다고 하자. 그리고 부하 직원들에게 "우리가 가야 할 곳은 저기다!" 하면서 강력하게 방향을 제시하며 나아갈 길을 보여주고 있다고 하자. 부하 직원들은 바로 이런 경영자에게 신뢰와 매력을 느낄 것이다. 그 경영자는 아무런 연기를 하지 않아도 저절로 카리스마를 인정받을 것이다.

다시 한 번 되풀이하겠다. 카리스마란 '있는 것'이지 '만드는 것'이 아니다. 그리고 남이 인정해주는 것이지 자기가 연출하면서 인정하라고 요구하는 것이 아니다. 카리스마가 있는지 없는지를 놓고 고민하기 전에, 경영자로서 자신의 경영 능력이나 리더십을 연마하는 데 시간과 에너지를 쏟는 것이 훨씬 더 현명한 일이다.

사원들이 즐겁게 일하도록 하려면

그러면 경영자는 리더로서 무엇을 해야 하는가? 이런 질문을 받을 때마다 나는 다음과 같은 이야기를 한다.

본래 일하는 방식에는 사동(使動)과 노동(勞動)과 낭동(朗動), 이렇게 세 가지가 있다. 사동이란 감옥에서 족쇄에 묶여 채찍을 맞으면서 하기 싫은 사역을 하는 것으로, 고역이라고 바꾸어 말할 수 있다. 고역까지는 아니더라도 하는 일이 그리 즐겁지 않은 것이 보통의 노동이다.

이 두 가지 외에 낭동이라는 또 한 가지 방식이 있다. 사원들이 일에서 재미와 즐거움을 실감하면서 밝고 명랑한 마음으로 일하는 것이다.

나는 사원 연수를 할 때 때때로 수강자들에게 이런 질문을 한다. 여러분은 이 세 가지 중에서 어떤 방식으로 일을 하고 있느냐고. 당연히 '사동'에 손을 든 사람은 지금까지 하나도 없었다. 그런데 '낭동'이라고 답한 사람도 없었다. 다시 말해 질문을 받은 모든 사람이 '노동', 즉 꿈이 없는 일을 하고 있다고 대답한 것이다. 낭동과 노동 사이라고 대답한 사람도 일부 있긴 있었지만 말이다.

원점으로 돌아가서 생각해보자. 근본적으로 인간은 어떨 때 일에서 재미와 즐거움을 느낄 수 있을까? 아마도 일을 통해서 자신을 연마하고 지금보다 더 높은 곳까지 올라갈 수 있으리라는 기대가 있을 때, 그리고 회사가 성장하고 자신의 급료도 올라가 가족들도 기뻐할 것이라는 믿음이 있을 때일 것이다. 이와 같이 물심양면에서 '이익'이 되는 것이 있을 때 비로소 사원은 낭동을 하게 되는 것이다.

일류 리더는 사람들이 즐겁게 따라가고 싶게 만든다는 이야기를 했다. 사람들이 기꺼이 따라오는 것은 그것이 자신에게 이익이 된다고 생각하기 때문이다. 리더란 팔로어(follower)가 있을 때 비로

소 성립된다. 한 단계 더 욕심을 내보자. 진짜 일류 리더가 되려면 팔로어는 그냥 팔로어가 아니라 윌링 팔로어(willing follower)여야 한다. 사람들이 즐겁게 자발적으로 따라와야 한다는 말이다.

여러분이 경영자로서 해야 할 일은 사원들에게 낭동의 기회와 장소를 제공해주는 것이다. 우리 회사 사원들에게 낭동을 제공하려면 무엇이 필요한지를 항상 생각하면서 하나씩 실천에 옮겨야 한다. 그것이 바로 리더가 할 일이다.

10년 후에도 살아남을 기업은
눈앞의 승리에 집착하지 않는다

다(多), 장(長), 근(根)을 항상 의식한다

경영자는 대국관(사물 전체의 움직임에 대한 견해)을 갖고 있어야 한다
는 말을 많이들 한다. 이념과 비전을 생각할 때나, 열정적인 리더로
서 많은 사원들을 이끌어나갈 때, 인간적으로나 인격 측면에서도
대국관이 큰 의미가 있다고 다들 생각하기 때문일 것이다. 실제로
나도 그렇게 생각한다.

　나 자신이 대국관을 잊어버리지 않도록 스스로 경계하기 위해
하는 말이 있다. '다, 장, 근'이라는 말인데, 양명학 사상을 기억하
기 쉽게 내가 정리한 것이다. 중국 3000년의 지혜가 응축되어 있는
말이기도 하다.

　'다'는 매사를 다면적으로 여러 각도에서 보는 것, '장'은 단기

가 아니라 장기적으로 내다보는 것, '근'은 지엽말단이 아니라 근본적인 것에 주의를 기울여야 한다는 것을 의미한다. 대국관을 갖고 올바른 판단을 하는 데 필요한 정수라 할 수 있는 이 세 가지 말은 깊이가 참으로 깊다. 우선 하나씩 설명해보기로 하자.

단면이 아니라 전체를 보는 힘

이런 우화가 있다. 앞을 못 보는 사람 셋이 코끼리를 만져보고는, 꼬리를 만진 사람은 빗자루 같다고 하고, 다리를 만진 사람은 굵은 통나무 같다고 하며, 배를 만진 사람은 벽처럼 생겼다고 했다. 세 사람이 각자 말하고 있는 것은 모두 옳다. 그러나 코끼리의 전체 모습을 올바르게 전하고 있는 사람은 아무도 없다.

이는 사물을 다면적으로 여러 각도에서 보는 것이 중요하다는 말이다. 그렇게 할 때 전체적인 모습이 바르게 들어온다. 미숙한 인간과 성숙한 인간의 차이가 여기에 있다. 전자가 사물의 단면이나 한 면만을 보는 데 반해, 후자는 다양한 면을 여러 각도에서 볼 줄 아는 것이다.

경영자라면 '다'를 항상 염두에 두고 있어야 한다. 예를 들어 새로운 매매 약정에 관한 안건이 있다면, 이것을 고객들이 어떻게 생각할지, 사원들은 어떻게 느낄지, 은행은 어떻게 판단할지, 사회는 어떻게 받아들일지, 다양한 이해관계자의 입장에서 바라볼 수 있어야 한다.

눈앞의 문제를 넘어 10년 후를 보는 힘

대졸 신입사원을 뽑는다고 해보자. 일반적으로 사람을 하나 채용할
때 기업이 들이는 생애비용은 약 20억 원 정도라고 한다. 사실 한
사람을 채용한다는 것은 회사로서는 대단히 커다란 투자를 하는 셈
이다. 그렇기 때문에 반드시 생각해야 할 것이 있다. 지금 필요하니
까 채용한다는 식으로 눈앞의 일만 생각할 것이 아니라, 10년 후까
지 생각해야 한다. 공장 설비를 늘리는 문제를 검토하는 경우에도
마찬가지다.

어떤 큰 결단을 내릴 때는 그 시점만이 아니라 5년 후, 10년 후에
그 결단이 회사에 어떤 영향을 미칠 것인지도 생각해야 한다. '단'
(短)도 중요하지만 '장'이라는 긴 안목을 지녀야 한다는 점을 항상
잊지 말아야 한다.

근본을 잊지 않고 다지는 힘

사원 15명이 모여서 회의를 시작했다. 1시간이 지났는데도 이야기
는 평행선을 달리고 있다. 그뿐만이 아니다. 토론 중에 누군가가
"그래서 생각이 났는데 말이죠." 하면서 끼어든다. 2시간이 지나자
주제는 이미 다른 데로 넘어갔다. 혹시 여러분 회사에서도 이와 비
슷한 풍경이 자주 벌어지고 있지는 않은가?

회의가 엉뚱한 방향으로 빠지는 이유는, 목적이 무엇인지 미리
명확히 하지 않은 채 회의를 시작했기 때문이다. 그래서 모이기는

했어도 회의는 이루어진 바가 없고, 회의를 한 것이 없으니 결정된 바도 없으며, 결국 아무것도 한 게 없는 사태가 빚어지는 것이다.

모이기는 했는데 회의한 게 없는 어리석음을 범하지 않으려면, 항상 회의의 본질을 의식하고 있어야 한다. 이 회의의 목적이 본래 무엇인지, 몇 시에 시작해서 몇 시에 끝낼 것인지, 회의가 끝났을 때 무엇이 달라져 있어야 하는지 등등, 근본을 처음부터 명확히 제시하고 참가자들을 리드하는 것이 중요하다.

회의의 생산성을 높이는 방법에 대해서는 제6장에서 다시 설명하겠지만, 이것은 단지 회의를 할 때만 국한된 이야기가 아니다. 경영 전반에 걸쳐 항상 근본을 새롭게 다지는 자세가 경영자에게 요구되는 것이다.

지금 이 책을 읽고 있는 여러분에게 필요한 근본은, 살아남는 기업을 만드는 경영의 원리원칙을 배우는 것이리라.

그때그때 눌러야 할 스위치가 다르다

경영자란 의사결정자이다. 의사결정을 할 때는 당연히 망설이고 주저하고 헤매게 되는데, 나는 그럴 때마다 항상 '다, 장, 근'이라는 말을 마치 염불 외듯 되새겼다. 그와 동시에 사원들에게도 '다, 장, 근'을 이야기했다. 이렇게 하면 큰 실패는 거의 없다. 단기 목표에 매몰되거나 지엽말단에 그치는 일도 없어진다. 그러니까 커다란 국면을 볼 줄 아는 힘이 길러지는 것이다.

커다란 국면을 보되 구체적으로 행할 때는 한 수 한 수에 집중해야 한다. '착안대국 착수소국(着眼大局 着手小局)'이란 말을 많이 들어보았을 것이다. 경영자는 작은 것을 이해함과 동시에 총체적으로 무엇이 가장 적합한지를 생각할 수 있어야 한다. 조감도(鳥瞰圖)와 충감도(蟲瞰圖)라는 말도 같은 맥락이다. 현장에 바짝 엎드려서 세세한 부분을 들여다봄과 동시에 하늘 높이 날아올라 전체를 조망하는 능력을 함께 갖추어야 하는 것이다.

한 부서의 임원이라면 부분적인 사고가 허용된다. 안타까운 일이긴 하나, 영업 담당 중역은 제조 부문에 관해서는 별로 생각하지 않는다. 또 제조 담당 중역은 회계에 관한 일에 별로 신경 쓰지 않는다. 그러나 경영자가 그럴 수는 없다. 회사를 맡은 그 순간부터 경영자는 총체적으로 가장 적합한 것을 생각해야 하는 입장이 되는 것이다. 이때 "다, 장, 근, 다, 장, 근." 하면서 염불을 외운 것이 나에게는 아주 큰 도움이 되었다.

대국관을 지니고 뛰어난 의사결정을 했던 수장들이 있다. 컴퓨터에 완전히 문외한이었으면서도 IBM 수장으로 취임한 루이스 거스너(Louis Gerstner) 전 CEO가 좋은 예이다. 거스너가 취임했던 1993년 당시 IBM은 메인프레임, 즉 대형 컴퓨터에만 매달리는 바람에 소형화 흐름에 뒤처져 완전히 시류에서 밀려나 있었다.

거스너는 부임하자마자 기가 막히는 소리를 하기 시작했다. "현재 우리 회사에서 가장 불필요한 것은 기업 이념이다."

IBM이라고 하면, 기업 이념을 소중히 생각하는 대표적인 회사였다. 그런데 새로 취임한 CEO가 그 기업 이념이 필요 없다고 딱 잘라 말한 것이다.

그러나 거스너가 기업 이념을 부정한 것은 아니었다. 다만 "이대로 가면 IBM은 조만간 파멸할 것이다. 지금으로서는 배가 침몰하는 것을 막는 것이 최우선이고, 나머지는 다 그다음 일이다." 이렇게 말하고 싶었던 것이다. 배가 가라앉아 버리면 아무리 훌륭한 기업 이념도 의미를 잃어버리기 때문이다.

참으로 딱 필요한 시점에 딱 맞는 말을 잘했다 싶다. 경영자란 이와 같이 그때그때 상황에 따라 눌러야 할 스위치가 어떤 것인지를 꿰뚫고 있어야 한다. 그러기 위해서 필요한 것이 바로 대국관이며, 대국관에 바탕을 두고 우선순위를 매길 줄 아는 능력이다.

물론 거스너의 지휘에 따라 되살아난 IBM은 다시 경영 방침을 전환하여 기업 이념을 중시하고 있다.

대립되는 사안에서 균형을 찾아내는 역량

'다, 장, 근'을 이야기하면 이런 질문을 받는다. 그 세 가지 말 사이에 이해가 대립되는 상황이 벌어질 수도 있지 않느냐는 것이다. 물론 그렇다. 경영의 세계에서는 '다, 장, 근'뿐만 아니라 '이것을 세우자니 저것이 무너지는' 트레이드 오프(trade-off) 현상이 당연히 일어난다.

예를 들어 고객의 입장에서 좋은 상품을 만들어야겠다고 생각하면 아무래도 비용이 늘어나게 된다. 그러나 그 비용을 가격에 전가할 수는 없다. 그러면 결국 이익이 줄어들게 된다. 이처럼 고객 만족과 이익은 이해가 대립될 수 있다. 또 회사의 지속성을 중시하는 경영을 하고자 할 때, 장래를 내다보고 투자하면 단기 이익이 줄어들 가능성이 있다.

그러면 어떻게 해야 할까? 그중 어느 한쪽을 선택해서 추구하면 될까? 대답은 "아니요."이다. 얼핏 보기에 이해가 대립되는 듯한 두 명제가 있을 때, 어느 한쪽만 취하고 다른 쪽을 버리는 선택을 하는 것은 이류, 삼류 경영자가 하는 행동이다. 일류 경영자는 얼핏 양립하기 어려워 보이는 것일지라도 균형을 잡아가면서 양쪽을 모두 해결하는 방법을 찾아낸다.

만약 지금 겨울바람이 몰아치는 거칠고 험한 환경에 놓여 있다면, 될 수 있는 한 고정자산을 유동화하고 현금화해야 한다. 이런 상황에서는 현금흐름에 무게중심을 놓는 것이 올바른 경영 방침이다. 그렇다고 해서 고객 만족이나 사원들의 행복이 어떻게 되든 상관없다는 태도를 취해도 된다는 말은 아니다.

얼핏 보아 서로 대립되는 듯한 개념이 두 가지 이상 있을 때는, 경우에 따라 어디를 어떻게 당기고 늘여야 하는지가 문제가 된다. 이 어려운 판단 자체가 곧 경영자의 역량이다. 이쪽을 살리자니 저쪽이 죽는 트레이드 오프가 아니다. 이쪽도 살리고 저쪽도 살리는 중용이 경영자에게는 항상 요구되고 있다.

경영 능력은 책이 아니라 역경을 통해 배운다

대국관을 기를 수 있는 방법이 또 한 가지 있다. 아수라장을 뚫고 나오는 것이다.

아수라장을 뚫고 나오는 것이 대국관과 무슨 상관이 있느냐고 머리를 갸우뚱하는 사람이 있을지도 모르겠다. 실례를 들어보자.

섬유 대기업인 '도레이' 라는 회사가 있다. 이 회사에서는 과장급 가운데 선임자들을 대상으로 수개월에 걸쳐 경영이나 리더십의 기본에 대한 강의를 실시하고, 그 내용을 습득하게 한 후에 자회사나 관련 사업장에 경영자 또는 임원으로 내보낸다.

경영 현장은 바로 아수라장 그 자체이다. 실제로 경영의 한 부분을 맡게 되면, 지금까지 갖고 있던 '벌레의 눈' 이 '새의 눈' 으로 바뀐다. 그러는 와중에 경영 전반을 볼 줄 아는 대국관이 길러진다.

인간은 두 종류가 있다. 아수라장을 뚫고 나와 쓰러지는 사람이 있고, 아수라장에서 겪은 힘든 경험을 밑거름으로 삼아 더욱 성장하는 사람이 있다. 경영자라면 두말할 것도 없이 후자가 되어야 한다.

일본 전력 사업의 대부로서 '전력왕' 이라고 불린 마쓰나가 야스자에몬은 이런 말을 남겼다.

"기업인이 기업인으로 완성되려면 세 단계를 거쳐야만 한다. 첫 번째는 긴 투병 생활이며, 두 번째는 긴 낭인 생활, 세 번째는 긴 감옥 생활이다. 이 세 가지를 경험한다는 것이 그리 쉬운 일은 아니지만, 적어도 이 중에서 하나 정도는 거쳐야 기업인 나부랭이라도 될 수가 있다.”

물론 긴 감옥 생활을 해야 한다고 권장하는 것은 결코 아니다. 요컨대 그런 정도의 역경을 경험하고 극복해야만 크게 성장한다는 말이다. 경영학은 책에서 배울 수 있지만, 경영하는 능력이란 해보지 않고서는 얻을 수가 없다.

경영이란 10년 후를 내다보며 단기 목표를 달성하는 균형의 승부

오늘날 ‘대국’ 이란 무엇일까? 세계화가 진행되고 있는 지금 경영자가 꿰뚫어 봐야 할 범위 역시 지구 전역으로 확대되고 있다. 외국과 거래하는 것이 없으니 관계없다는 식의 사고방식은 이제 머지않아 통하지 않는 시대가 될 것이다.

2008년 가을에 터진 세계 규모의 경제 위기도 애초에 그 진원지는 미국의 월스트리트였다. 미국에서 발생한 일이 눈 깜짝할 사이에 전 세계로 번지는 시대가 된 것이다. 그런 의미에서 보자면, 상권을 국내에 한정하고 있는 기업일지라도 늘 세계를 의식하고 있을 필요가 있다. 대국관이란 세계관과도 통하는 것이다.

전 세계 구석구석은 물론이고 현재뿐만 아니라 역사적인 측면에까지 안테나를 세우고 본다면 더 좋다. 물론 모든 것에 다 시선을 돌리기는 어려울 것이다. 현실적으로는 “우리 회사가 지속적인 경영을 유지하기 위해서 주목해야 할 국가나 지역은 어디인가?" 하는 계산이 필요할 것이다. 이런 말을 많이 한다. "Think global, Act local."(세계적으로 생각하고, 지역적으로 행동하라.) 앞으로 크게 성장하는 회사는 틀림없이 이렇게 하는 회사일 것이다.

또 한 가지, 어디까지 미래를 내다볼 수 있어야 하는가? 담당자 수준에서 본다면 올해만 생각해도 된다. 과장이라면 올해와 내년 2년을, 부장이라면 후년까지 3년을 생각할 필요가 있다. 그러나 사장이라면 다르다. 10년 앞까지 생각해야 한다. 얼마 전만 하더라도 20년 앞을 내다봐야 한다고 했을 것이다. 그러나 실로 급격히 변화하고 있는 이 시대에 20년 앞을 내다본다는 것은 쉬운 일이 아니다. 장기 계획이라고 말하는 것이 고작 5년이나 10년짜리가 되었다. 장기가 단기화하고 있는 것이다.

대국을 의식하면서도 항상 나 자신을 경계하는 마음으로 깊이 새기고 있는 영국 속담이 있다.

"뛸 수 있으려면 그 전에 걷기부터 해야 한다."

단기적인 것만 생각한다면 지속 가능한 경영을 할 수 있을지 의심스럽다. 반대로 장기적인 것만 생각하면서 단기적인 경영을 못하는 것도 문제이다. 단기 계획이 있음으로써 중장기 계획이 있는 것이니, 중요한 것은 그 균형인 것이다. 경영이란, 장기 비전이나 장기 목표를 놓치지 않고 바라보면서 눈앞에 놓인 단기 목표를 달성하는 균형의 승부이다.

2장

윤리,
장수 기업의
전제 조건

경영자는 다른 사람보다 훨씬 강한 윤리성을 갖추고 있어야 한다. 사회에 유용한 꿈을 추구하는 기업 활동을 하고자 한다면, 가장 중요한 것이 윤리성이다. 정계나 재계에서 불상사가 빈번히 일어나고 있고, 윤리의식이 땅에 떨어졌다는 말들도 많이 한다. 모두가 단기적인 사리사욕만을 쫓고 있기 때문이다. 윤리성이 결여된 사리사욕이나 탐욕은 언젠가는 스스로를 파멸로 몰아가고 말 것이다.

윤리와 이익은
동전의 양면이다

미국인 회장이 신참 사장에게 요구한 첫 번째 자질

내가 존슨앤드존슨 사장에 취임한 것은 45세 때의 일이다. 일본인으로서 최초로 그 자리에 올랐다는 것을 큰 명예로 느꼈던 기억이 30년이 지난 지금도 선명히 남아 있다(그 후 바로 경영자로서의 압박감과 공포에 사로잡히긴 했지만 말이다).

사장으로 취임한 날, 상사인 영국인 회장이 나를 불렀다. 회장은 의자를 내 쪽으로 당겨 앉으며 이렇게 말했다. "아타라시 씨, 축하합니다. 오늘부터 당신은 이 회사의 리더입니다. 이 자리에서 당신에게 말해두고 싶은 것이 두 가지 있습니다."

두 번째 주문은 마지막 장에서 이야기하는 것으로 남겨두겠다. 여기서 말하고 싶은 것은 첫 번째 주문이다. 회장은 무엇보다 '실적을 늘리라' 라고 당부했다. 그러고는 "다만" 하고 한마디 하더니 이런 말을 덧붙였다. "어떤 경우에도 윤리적으로 문제가 있는 일은 절대로 해서는 안 됩니다."

이와 비슷한 에피소드가 한 가지 더 있다. 사장에 취임한 지 얼마 지나지 않아 미국의 총 본사 회장이 일본에 왔다. 회장은 전 세계에 11만 명의 종업원을 거느린 글로벌 기업의 총수였다. 경영이라는 것에 엄청난 관심이 있는 신참 사장이었던 나는 회의 중 질의응답 시간에 이렇게 물었다.

"경영자에게 가장 중요한 자질은 무엇이라고 생각하십니까?"

그러자 회장은 즉각 대답했다.

"하나는 평균을 좀 넘는 지성이고, 또 하나는 극도로 강한 윤리성이오."

머리가 좋은 정도를 가지고 이야기를 하자면, 천재일 필요도 없고 수재일 필요도 없다. 그저 평균을 조금 넘는 정도면 된다. 그러나 윤리성은 다르다. 경영자라면 다른 사람보다 훨씬 강한 윤리성을 갖추고 있어야 한다. 회장은 이렇게 대답한 것이다.

앞에서 나는 올바른 이념과 비전 또는 정열이 없으면 사업을 오래 지속하기가 어렵다고 말했다. 그러나 사회 속에서 유용한 꿈을 추구하는 기업 활동을 하고자 한다면, 가장 중요한 것이 윤리성이다.

주변을 둘러보면 정계나 재계에서 불상사가 빈번히 일어나고 있고, 윤리의식이 땅에 떨어졌다는 말들도 많이 한다. 모두가 단기적인 사리사욕만을 쫓고 있기 때문이다. 윤리성이 결여된 사리사욕이나 탐욕은 언젠가는 스스로를 파멸로 몰아가고 말 것이다.

회사 돈이 아니라 사장의 용돈으로 사원을 대접해라

경영자가 착각하지 말아야 할 것이 있는데, 법령 준수와 윤리성은 다르다. 법령 준수란 말 그대로 법률적으로 해서는 안 되는 선을 넘지 않는 것이다. 그러나 윤리성이란 그와 다르다. 비록 법에는 저촉되지 않는다 하더라도, 양심이나 사회의 상식에 비추어 봤을 때 잘못되었다고 생각되는 일이라면 하지 말아야 하는 것이다. 이는 문서로 명문화되어 있지 않은 도의적인 문제이다.

경영자가 탐욕에 휩쓸리면 사고방식이 다음과 같이 3단계로 무너져 간다. 처음에는 "올바르게 잘하고 있는 걸까?"를 생각한다. 그러다가 "법적으로 문제가 없을까?" 하는 식으로 옮겨 간다. 결국 마지막에는 "어떻게 하면 안 들킬까?"가 되어 버린다.

큰 문제에 대해서만 그런 것이 아니다. 발단은 작은 문제에서 시작된다. 규칙을 하나 위반하면, 점점 더 큰 위반으로 발전한다. 예를 들어 보자. 처음에는 회사 전화로 자기 가족에게 전화를 한다. 이 정도라면 상식적으로 허용할 수 있는 범위라고 생각할 수도 있다. 그러나 회사 전화로 해외로 유학 간 자녀와 장시간 통화를 한다고 하면 이야기가 달라진다. 그러다가 이윽고 아내와 식사한 비용이 접대비로 변하고, 아내의 옷값까지 회사 돈으로 처리하게 된다. 정상이었던 신경이 이런 식으로 점점 마비되는 것이다.

인간은 참 약한 존재이다. 그러니 유혹에 조심하고 또 조심해야 한다. 몰래 한다고 해도 결국 어디선가 들통이 난다. 그러면 신용이 무너진다. 신용은 경영자의 가장 중요한 조건이다.

여기에 덧붙여서 꼭 주의해야 할 점이 있다. 사원들은 생각보다 날카로운 시선으로 경영자의 행동을 보고 있다는 사실이다. 경영자가 공금과 사금을 아무렇지도 않게 혼동하고 있는 회사에서는 사원들도 틀림없이 그대로 따라 하게 된다. 생선은 머리부터 썩는다.

어떤 사원이 열심히 일해서 좋은 성과를 올렸을 때, 경영자가 그 사원에게 한턱내는 경우가 있다. 이럴 때 물론 사원은 기분이 좋을 것이다. 고급 레스토랑에서 풀코스 프랑스 요리에 고급 와인까지 곁들인다면, 사원으로서는 고맙고 즐거운 식사가 될 것이다. 이 비용을 사장이 회사 경비로 처리했다고 하자.

한편, 사장이 똑같은 직원을 데리고 생맥주집 같은 데 가서 생맥주와 치킨을 놓고 한잔했다고 해보자. 그런 다음 사장이 자기 주머니에서 지갑을 꺼내 계산했다. 자, 앞의 경우와 뒤의 경우를 비교했을 때, 부하 직원은 어느 쪽이 더 기분이 좋을까? 뜻밖에도 부하 직원들은 대개 후자를 더 기쁘게 생각한다.

사장이 한턱내겠다고 해놓고 회사 돈으로 상다리가 부러지게 잘 먹었다고 해보자. 결국 사장이 자기 좋은 일을 한 게 아니냐는 의심을 안 받으면 다행이다. 만약 회사 돈을 쓸 생각이라면 처음부터 경비에서 나갈 거라고 밝혀야 한다. 자기가 돈을 내는 것처럼 생색을 내면서 회사 돈을 쓰는 사장은 사원의 눈에 얄팍해 보인다. 나아가 최악의 경우에는 경멸의 대상이 될 수도 있다. 사소한 이야기라고 생각할지도 모르지만, 이런 소소한 데서부터 윤리라고 하는 옷에 구멍이 나는 것이다.

타고난 품성도 얼마든지 바꿀 수 있다

또 한 가지, 윤리성과 함께 나란히 놓을 수 있는 것이 고결함이다. 영어로 'integrity'가 되는데, 고결함은 경영자에게 필요한 또 하나의 자질이다.

경영자의 고결함이란, 언행이 얼마나 일치하느냐 하는 것과 약속을 얼마나 잘 지키느냐 하는 두 가지 측면에서 여실히 드러난다.

말과 행동이 일치하는 경영자는 고결함의 한 가지 조건을 이미 갖추고 있다고 하겠다. 한편 사람에 대한 태도도 중요하다. 윗사람에게는 머리를 조아리면서 아랫사람한테는 함부로 대하는 이중인격자가 적지 않다. 상대방에 따라 극단적으로 태도가 바뀌는 사람은 '진짜'가 아니며 다른 사람의 신뢰를 받을 수 없다.

여기서 세계적인 경영학자 피터 드러커가 남긴 말을 하나 소개한다.

"경영자가 해야 할 일은 배울 수 있다. 그러나 배워서 얻을 수 있는 것은 아니지만 반드시 갖추어야 할 자격이 한 가지 있다. 그것은 천재적인 재능이 아니라 바로 그 사람의 품성이다.”

드러커는 많은 명언을 남겼는데, 나는 송구스럽게도 이 말에 약간 다른 생각을 가지고 있다. 드러커는 품성이란 배워서 얻을 수 없는 것이라고 했다. 그러나 나는 품성도 나름대로 의식하고 노력하면 어느 정도 바꿀 수 있다고 생각한다.

“사람은 결국 자기가 생각하는 대로 된다.”

대문호 괴테가 남겼다고 하는 이 말은 오랜 세월 동안 나의 정신적 지주가 되고 있다. 사람은 이러이러하게 되고 싶다고 하는 소망을 행동에 옮김으로써 조금씩 이상적인 모습에 근접해 간다. 깨달음과 행동이 있으면 품성도 바꿀 수 있다고 본다.

강한 사람이 된다는 것

앞에서 ‘깨달음과 행동만 있으면’이라고 썼는데, 이 부분에 대해 조금 더 설명해두고 싶다.

노블레스 오블리주라는 말이 있다. 유럽 귀족 사회에서 많이 쓰이는 프랑스어로, ‘고귀한 신분에 따르는 도덕적 의무와 희생’이라는 의미를 갖고 있다. 자기희생이나 기사도 정신과도 통하는 말이다.

그런데 이런 말이 점차 사라져 가고 있다. “좀 더 많이 벌어야지.”, “나한테만 이익이 되면 돼.”라는 사고방식이 비즈니스 세계를 휘어잡고 있고, 어느 사이엔가 아주 딱할 정도의 경쟁사회가 되고 말았다.

물론 비즈니스는 냉정하다. 강한 자가 아니면 살아남지 못한다. 그러나 여기서 강조하고 싶은 것은 '더 많이 벌 수 있다.'는 의지만으로는 '강한 자'라고 불릴 수 없다는 것이다.

자기한테만 이익이 되면 된다는 식으로 가져가기만 하는 사리사욕형 경영자는 절대로 '진짜 경영자'라 할 수 없다. 전체를 위해서 어디까지 개인을 희생할 수 있을까? 자기 회사의 행복만이 아니라 사회 전체의 행복에 어느 정도까지 생각이 미칠 수 있을까? 진짜 경영자에게 요구되는 것은 바로 이런 관점과 따뜻한 마음이다.

"불쾌하다는 생각은 자기중심주의의 정도와 비례한다."

이런 말을 들은 적이 있다. 그러나 자기중심의 정반대에 놓여 있는 자기희생을 할 수 있으려면, 자기 자신을 지키는 것도 중요하다. 그러려면 자신의 토대부터 확실하게 쌓지 않으면 안 된다. 남을 돕는 데 몰두하다가 자기 자신이 무너진다면, 그야말로 희생이고 뭐고 통째로 사라지는 것이다. 제대로 된 자기희생이란, 자신의 교두보를 착실히 쌓아 가면서 그 일부를 세상과 남을 위해 사용하는 것이라고 생각한다.

자기 자신을 쌓아 가면서 남을 위해 희생할 수 있는 입장에 있다는 것은 참으로 고마운 일이며, 스스로도 그 자체에 감사해야 한다.

기업인으로서 좋은 회사를 만들어 갈 수 있는 것은, 수많은 사람들의 도움이 있기 때문이다. 그렇게 생각하면 보답하고 싶은 마음이 저절로 우러날 것이다. 기업을 경영함으로써 사회에 공헌할 수도 있고 환경에 관해 책임을 질 수도 있다. 어떤 형태로 보답해도 상관없다. 기업으로서 또는 개인으로서 사회의 주인이 되어 환원한다는 것, 그 행동이 바로 사람의 품격이다.

나 자신도 캄보디아 어린이를 돕는 활동에 작은 보탬이 되고자 노력하고 있고, 내가 경영 자문을 해주고 있는 회사도 매년 이익금의 1퍼센트를 교통사고로 부모를 잃은 아이들을 돕는 데 기부하고 있다.

내가 좋아하는 말을 하나 소개하고 싶다. 미국 추리소설 작가인 레이먼드 챈들러(Raymond Chandler)의 소설에 나오는 한 구절이다.

"남자는 강해지지 않으면 살아갈 수 없다. 그리고 마음이 따뜻하지 않으면 살아갈 자격이 없다."

물론 남자에 한정된 말은 아니다. 이런 자세를 갖고 있는 사람은 얼굴에 나타난다. 이런 자세를 갖고 있는 회사의 사원들은 자긍심을 갖고 일하고 있다.

진짜 중요한 것은
부가가치다

진심으로 고객 만족을 추구하는 회사인가

필립스라는 네덜란드계 전기기구 메이커의 부사장을 맡고 있을 때였다. 당시 사원들은 내게 이런 질문을 자주 했다.

"우리 회사는 도대체 무엇을 하는 회사라고 봐야 합니까?"

일본필립스는 본사가 있는 네덜란드를 비롯해 유럽에서 다양한 상품을 수입해서 판매하는 회사이기도 하면서 일본에 공장도 갖고 있었다. 그러면 우리 회사는 수입업체인가? 제조업체인가? 상사인가? 그것도 아니면? 이에 대한 내 대답은 이러했다.

"수입도 하고 상사가 하는 일도 하고 제조업도 하고 있지만, 우리 회사의 본질은 고객들을 위한 '부가가치 제공업'이다."

사원들은 질문에 대한 답을 참 잘도 피해 간다고 느꼈을지도 모르겠다. 그러나 고객을 위한 부가가치 제공업이라고 답한 내 마음에는 거짓이 없으며, 이 말은 모든 회사에 적용된다고 생각한다. 기업 활동의 본질은 '물건이나 서비스를 만들어내는 것'이 아니다. 물건이나 서비스를 만들어내 '부가가치를 제공하는 것'이 본질이다.

도표 2-1을 봐주기 바란다. 기업이 성립되는 과정의 원리원칙이 이 도표 안에 다 나와 있다. 기업 활동의 최종 목표는 '주주 만족'을 달성하는 것이다. 이것은 자본주의 사회에서 빼놓을 수 없는 원칙이다.

그러려면 실적을 올려야 한다. 적자를 내면 배당을 줄 수가 없고 주가도 오르지 않는다. 또 한 가지, 실적을 올리는 데 빠뜨릴 수 없는 조건으로 '고객과 사회 만족'이 있다. 아무리 목표를 향해 나아가고 싶어도 고객과 사회 만족 부분이 결여된다면 기업이 성립되는 과정은 거기서 끊어진다.

그러면 기업들은 고객 만족을 얼마나 실현하고 있을까? 예전에 이런 조사 결과가 나온 적이 있다. 상장 기업들의 경영 방침이나 사훈을 조사해 보았더니, '고객 만족'이나 '고객 지향'이라는 고객제일주의 사고를 표방하고 있는 회사가 약 90퍼센트였다.

그 90퍼센트 중에서 고객 만족 방침을 회사 차원에서 실천하고 있는 기업이 어느 정도나 되는지 추적 조사해 보았더니, 약 10퍼센트에 지나지 않았다. 90퍼센트에서 10퍼센트를 빼면 80퍼센트인

| 도표 2-1 | **살아남는 기업이 성립되는 과정**

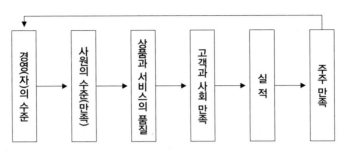

- 경영 능력   · 스킬(업무 능력)
- 리더십   · 마인드(인간적인 힘)
- 윤리관

데, 80퍼센트는 말만 앞세우고 실천하지 않는 회사였다는 말이다.

말로만 고객 만족을 외치면서 자기 실속을 차리는 회사가 80퍼센트이고, 진정으로 고객 만족을 추구하는 회사는 겨우 10퍼센트밖에 되지 않았던 것이다.

'사전 기대'와 '사후 평가'의 세 가지 관계

고객 만족을 이야기할 때, 내가 자주 하는 말이 있다. '사전 기대'와 '사후 평가'이다. 이 두 가지 사이에는 다음과 같은 세 가지 관계밖에 없다.

① 사전 기대 > 사후 평가

어떤 여성이 10만 원짜리 화장품을 샀다고 해보자. 화장품 값을

지불하고 실제로 써보았더니 아무리 잘 봐주어도 8만 원짜리 정도 밖에 가치가 없다는 사후 평가가 나왔다. 이때 고객이 보이는 전형적인 태도는 '불만'과 '실망'이다. 결과적으로 이 고객은 그 상품 쪽으로는 발길을 끊을 것이며 다른 상품으로 고개를 돌릴 것이다. 그것으로 끝나면 다행이지만, 불만을 제기하고 클레임을 걸 가능성도 있다. 최악의 경우 친구들이나 아는 사람들에게 부정적인 평가를 전달할 것이다. 당연히 이런 상품은 시장에서 오래 살아남을 수가 없다.

② 사전 기대 = 사후 평가

10만 원짜리 상품을 샀는데 그 평가도 10만 원인 경우이다. 이때 고객의 반응은 '만족'이다. 그러나 앞에 한마디가 붙는다. '일단 만족' 또는 '그럭저럭 만족'인 것이다. 만약 경쟁업체가 같은 가격에 더 품질 좋은 상품을 내놓거나, 같은 품질에 가격은 9만 원인 상품을 내놓는다면, 고객은 순식간에 그쪽으로 가버릴 것이다.

'사전 기대 = 사후 평가'라는 것은 얼핏 고객의 기대에 부응한 것처럼 보인다. 그러나 고객의 마음은 언제든지 떠날 수 있다. 진정한 의미의 고객 만족이라고는 볼 수 없다.

③ 사전 기대 〈 사후 평가

10만 원을 기대한 고객이 12만 원의 가치를 느꼈다면 어떻게 될까? 고객은 만족이 아니라 대만족을 느낄 것이다. 대만족 고객은 '감동 고객'이 되고, 감동 고객은 '리피터'(repeater, 다시 찾아오는 고객이라는 뜻—역자) 고객'이 된다. 리피터 고객은 쉽게 '추천 고객'이 된다. "이거 굉장히 좋아. 한번 써봐."라고 하면서 아는 사람들에게 돈 한 푼 안 받고 선전을 해주는 것이다. 이런 상품은 틀림없이 시장에서 오래 살아남을 것이다. 일반적으로 마케팅 세계에서는 '만족 고객'과 '감동 고객' 사이에 리피트 의욕이 6배 차이가 난다는 통설이 있다.

신규 개척보다 다시 찾아오는 고객을 중시하라

'사전 기대〈사후 평가'라 할 때 가장 먼저 떠오르는 것이 디즈니랜드일 것이다. 내장객의 90퍼센트가 리피터라고 하니, 참으로 엄청난 수준이다.

본래 선두를 지키는 기업에는 두 가지 주요 특징이 있다. 하나는 리피트율이 높다는 것이고, 또 하나는 신규 시장과 신규 고객을 지속적으로 확보해 나간다는 것이다. 그러면 이 두 가지 중에 어느 쪽이 더 중요할까? 사실은 기존 고객을 고정화하는 것이 더 중요하며, 신규 시장 개척은 그다음 일이다. 그런데 뜻밖에도 많은 기업이 이 사실을 잊고 있다.

미국 마케팅 업계에서 통설이 된 이론이 하나 있다. 한 번 우리 회사 상품을 산 고객에게 다시 우리 회사 상품을 사게 하는 데 드는 경영 자원(시간이나 비용)과, 한 번도 우리 회사 상품을 산 적이 없는 고객에게 선전을 해서 사도록 하는 데 필요한 경영 자원을 비교한 경우, 전자가 1이라고 할 때 후자는 7에 이른다는 것이다.

그러므로 경영자가 무엇보다 먼저 생각해야 하는 것은 리피트율을 높이는 것이다. 이때 필요한 것은 고객 '만족'이 아니라 고객 '감동'이다. 플러스알파가 있는 부가가치를 제공해야 하는 것이다.

얼린 맥주와 꽃다발 하나가 만들어내는 엄청난 차이

그러면 부가가치란 무엇인가? 어렵게 생각할 것 하나도 없다. 주류 판매상 이야기를 소개해보겠다.

예전에 도쿄 시부야에 주류 판매상이 두 군데 있었다. 가게의 구조나 넓이, 위치 등에는 이렇다 할 차이가 없었다. 그런데 한 군데는 그럭저럭 장사가 되는데, 다른 한 군데는 미친 듯이 장사가 잘되고 있었다. 이 차이는 도대체 어디에서 비롯된 것일까?

오후 4시 반쯤 되면 두 가게에 "맥주 좀 배달해주세요. 6팩짜리 2개요"라며 주문 전화가 걸려오기 시작했다. 근처 가정집이나 음식점에서 하는 주문이었다. 주문을 받으면 두 가게 모두 배달에 나서는데, 내용물이 서로 달랐다. 보통으로 장사가 되는 가게는 창고에서 6팩짜리 2개를 꺼내 주문받은 대로 배달해주었다. 그런데 미친 듯이 장사가 되는 가게는 창고에서 6팩짜리 1개를 꺼내고, 냉장고에서 꽝꽝 언 얼음 맥주 6팩짜리 1개를 꺼내 가져다주었다.

만약 아침 10시에 주문을 받았다면, 아마 보통 가게나 장사가 아주 잘되는 가게나 모두 창고에서 꺼낸 맥주를 배달했을지 모른다. 그러나 시간은 오후 4시 반이었다. 왜 이 시간에 맥주를 주문할까? 장사가 아주 잘되는 집은 그 상황을 생각하며 상상의 날개를 펼쳤을 것이다. 저녁 메뉴를 생각하면서 냉장고 문을 열어봤더니 저녁식사 때 식구들과 마실 시원한 맥주가 없었을 수도 있고, 식당에서 손님들 상에 내보내야 할 맥주가 생각보다 모자랐을 수도 있다.

주문하는 사람이 시원한 맥주를 갖다 달라고 부탁한 것도 아니다. 그런데 말하지 않아도 알아서 원하는 것을 갖다 준 가게는 어느 쪽인가? 보통 가게는 고객의 기대에 부응했다. 그러나 미친 듯이 장사가 잘되는 가게는 고객의 기대를 '뛰어넘고' 있었다. 뛰어난 기업은 꽝꽝 언 얼음 맥주를 배달하고 있는 것이다.

그러면 여기서 질문을 하나 하겠다. 여러분 회사의 얼음 맥주는 무엇인가? 그 답을 진지하게 생각해보기 바란다. 고객에게 부가가치를 제공하는 데 필요한 것은 엄청난 투자, 대단히 뛰어난 인재도 아니다. '맥주를 얼리는 것'처럼 얼핏 소소해 보이는 것이다.

"Excellence is a thousand details."(탁월함이란 1000개의 디테일이다.)라는 말이 있다. 얼음 맥주를 배달하는 단순하고 소소한 일이 쌓일 때, 거기서 탁월함과 우월함이 탄생한다.

한 가지 실례를 들어보겠다. 정년을 맞이한 고객의 예금을 유치하는 데 좋은 실적을 올리고 있는 도쿄의 어느 신용금고 이야기이다.

직장인들은 대개 장기 주택대출을 안고 있다가 정년과 함께 대출 상환을 종료한다. 이 신용금고는 바로 그 점을 눈여겨보았다. 직장인 인생을 무사히 마치고 대출 상환도 다 끝나 몸과 마음이 홀가분한 바로 그때, 신용금고 지점장이 꽃다발을 들고 직접 방문을 한다.

"축하드립니다. 대출 상환이 끝났습니다. 오랫동안 일하시느라 수고가 많으셨습니다."

고객은 깜짝 놀란다. 지점장이 꽃다발까지 들고 직접 축하 인사를 하러 찾아오리라고는 상상도 못했기 때문이다. 그러니 당연히 기쁘다. 꽃다발이 단돈 1~2만 원짜리라 해도 펄쩍 뛸 듯이 기쁘다.

이런저런 이야기를 나누다가 보면, 문득 퇴직한 직장인의 머릿속에 당면한 고민거리가 하나 떠오른다. '그러고 보니 퇴직금을 어떻게 할지 아직 결정을 못했는데 …… 이렇게 성실한 지점장이 있는 신용금고라면 …… 금쪽같은 내 퇴직금에 대해 상담이라도 해볼까?'

신용금고 입장에서는 "대출 상환이 끝났습니다."라는 통지서 하나 보내고 끝내도 아무 상관이 없을 것이다. 그러나 이 신용금고는 달랐다. 지점장의 방문과 꽃다발이라는 '얼음 맥주'가 리피터 고객을 만들어냈고, 그것이 쌓이고 쌓여 커다란 실적이 된 것이다.

진정으로 고객 만족을 이해하고 있는지를 알아보는 7가지 질문

진정한 고객 만족이란 무엇일까? 그것을 알아볼 수 있는 질문 7가지를 소개하겠다. 임원과 일반 사원이 한데 모여 토론하는 자리에서 꼭 활용해보기 바란다.

① 고객이란 우리 회사의 상품이나 서비스를 사주는 사람인가?

절반은 맞고 절반은 맞지 않는다. 고객에는 외부 고객과 내부 고객이 있다. 외부 고객은 일반적인 소비자 또는 사용자이다. 내부 고객은 회사 내부의 고객이다. 제조부서로서는 영업부서가, 자재조달부서로서는 제조부서가 고객에 해당한다. 회사 내부에도 고객이 있다는 것을 항상 의식하고 있어야 한다.

② 고객은 왕인가? 왕의 요구에는 언제나 응해야 하는가?

"아니요." 내용에 따라서는 왕의 요구에 "아니요."라고 말해야 할 때도 있다. 구체적으로는 다음과 같은 경우이다.

- 우리 회사의 이념이나 전략에서 벗어난 것
- 법률 위반에 해당하는 것
- 수익을 올릴 수 없는 것, 아무리 노력해도 정당한 이익이 나오지 않는 것
- 무리한 요구(할 수 없는 것)
- 고객에게 도움이 되지 않는 것

왕의 요구에 조금이라도 부응하고자 하는 마음이야 아름답지만, 우리 회사가 받아들일 수 없는 요구까지 들어주어야 하는 것은 아니다. 나중에 거짓말쟁이라는 불신을 얻게 될 수도 있기 때문이다.

또 고객에게 손해가 된다는 것을 알게 되었다면, 비록 자신에게는 이익이 되더라도 아니라고 해야 한다. "고객은 왕이므로 요구하는 것은 무엇이든 한다."라는 분위기를 만들어서는 안 된다.

③ 고객 만족은 영업부서의 책임인가?

아니다. 고객 만족은 회사의 책임이다. 전화 응대 하나만으로도 받아들이는 쪽은 다른 인상을 받는다. 또 앞에서 이야기한 바와 같이 직접 고객과 접촉하지 않는 부서도 고객 만족의 일익을 담당하고 있다. 영업을 지원하는 부서가 제대로 지원을 해주지 못하면 영업부서가 영업을 잘할 리가 없고 제조부서도 좋은 물건을 만들 수가 없다. 고객 만족을 영업부서에만 미루는 회사는 미래가 없다.

그러면 고객 만족의 의지를 어떻게 회사 내부에 확산시킬 것인가? 한 가지 방법은 업무 교류를 추진하는 것이다. 때로 제조부서 담당을 영업부서 사원과 함께 내보내면, 영업의 고충이 무엇이고 영업하는 사람이 얼마나 열심히 뛰고 있는지를 알게 된다. 반대로 영업부서 사원에게 공장 업무를 경험하게 하면, 제조부서의 고충이나 반품 처리의 어려움 등을 깨닫게 될 것이다. 경리나 인사 같은 관리 담당 부서도 외부와 관련된 부서와 교류하게 하는 것이 좋다.

④ 매뉴얼대로 하면 고객 만족을 달성할 수 있는가?

이 질문에는 더 이상 설명이 필요 없을 것이다. 매뉴얼이란 어디까지나 규칙에 지나지 않는 최저한의 장치이다. 여기에는 부가가치가 없다. 필요한 것은 '매뉴얼을 사용하는 사람의 마음'이다. 한 패스트푸드 체인점 직원이 햄버거 20개를 주문한 어린이에게 매뉴얼대로 "갖고 갈 거예요? 먹고 갈 거예요?"라고 물었다는 유명한 이야기가 있다. 매뉴얼대로만 움직인다면, 진정한 고객 만족은 실현할 수 없다.

⑤ 고객 만족은 어느 선까지만 이루어지면 되는 것인가?

"아니요." 고객 만족도를 높이면, 바로 그것이 고객들이 기대하는 기준이 된다. 첫 번째는 '고객 감동'이었다고 해도, 두 번째 이후로는 고객이 요구하는 최저 수준이 되는 것이다. 여기서 더한층 나아간 고객 감동을 추구할 수 있는가? 이것이 살아남는 회사와 살아남아 이기는 회사의 차이점이다. 디즈니랜드는 지금 더더욱 열심히 고객 감동을 실행에 옮기고 있다. 다른 경쟁사에게 조금이라도 밀리면 진다. 끝없는 게임이라는 것을 의식해야 할 필요가 있다.

⑥ 고객에게는 100퍼센트 최고 품질을 제공해야 하는가?

대답하기 조금 어려운 질문이지만, 답은 "아니요."이다. 필요한 것은 고객 '감동'이다. 80 정도면 고객이 감동하는데, 그 이상 할 수 있다고 100을 제공할 필요는 없다. 그랬다가는 비용이 증가하고 이익이 나지 않을 뿐만 아니라, 무엇보다도 고객이 거기까지 원하지 않기 때문이다. 감동을 불러일으키는 데 충분한, 그리고 기대하는 바를 '조금 뛰어넘는' 정도의 부가가치를 제공하는 것이 중요하다. 고객 만족은 다다익선으로 완수되는 것이 아니라는 것을 반드시 이해해야 한다.

⑦ 고객 만족이란 고객의 기대 수준에 부응하는 것을 뜻하는가?

앞에서도 다루었지만 답은 "아니요."이다. 고객 만족이 중요한 게 아니다. 고객 만족에 '한 단계 더 높은' 부가가치를 덧붙여 제공하는 '고객 감동'이다. 그러므로 '진정한 고객 만족이란 고객의 기대 수준을 뛰어넘는 것'이라고 해야 옳을 것이다.

고객을 감동시키는 회사가 되는 5가지 원칙

그러면 고객 감동을 실현하기 위해서는 무엇이 필요할까? 내가 경영자로 일하던 시절에 실제로 사용했던 '고객 감동 실현을 위한 5가지 원칙'을 소개하겠다.

① 우리 회사 입장에서 볼 때 중요한 고객을 파악한다

고객이 중요한 것은 당연하지만, 중요도에 차이가 있다는 점에 유의해야 한다. 전표 1장이나 전화 한 통으로 5억 원의 거래 가능성이 있는 고객과, 아무리 애를 써도 100만 원밖에 매상을 올릴 수 없는 고객이 있다면 어느 쪽이 더 중요하겠는가? 한 가지 덧붙이자면, 신규 고객도 중요하지만 신규에 모든 힘을 쏟아 붓는 것은 위험하다. 그보다는 기존 고객과 신뢰 관계를 강화하는 것을 중요시하는 게 더 낫다.

또 하나, 현재 거래 액수는 얼마 안 되더라도 경우에 따라 큰손이 될 가능성이 숨어 있는 고객이 있다. 이런 고객도 중요한 고객 명단에 올려두어야 한다.

② 고객이 기대하는 바를 확실히 파악한다

고객이 우리 회사에 요구하고 있는 것은 무엇인가? 상품, 가격, 서비스 등 여러 측면이 있을 것이다. 고객이 무엇을 바라고 있는지를 모르면 무엇을 제공해야 되는지도 알 수 없다. 이 부분에 관해서는 직접 고객의 목소리에 귀를 기울이는 것이 가장 좋다. 예를 들면 정기적으로 설문조사를 실시하는 것도 한 방법이다.

③ 고객의 만족도와 불만족도를 파악한다

고객이 기대하는 바를 이제 알았다고 하자. 그러면 실제로 고객들은 우리 회사에 어느 정도 만족을 하고 있을까? 혹시 불만스럽게 생각하고 있는 것은 없을까? 이것을 파악해야 한다.

만족스러운 부분과 불만스러운 부분 중에서 불만부터 질문하는 것이 좋다. 구체적으로 대책을 세우기가 쉽기 때문이다. 내가 경영자로 있을 때는 1년에 한 차례씩 주요 고객들을 대상으로 설문조사를 실시했다. 또 영업을 뛰는 사원들에게 직접 고객의 소리를 듣도록 의무화했다. 중요한 것은 일정한 기준을 두고 정점관측(定點觀測)을 해야 한다는 것이다. 그래야 진행하는 중에 현재 이 방향이 옳은지, 시정 조치가 필요하지는 않은지, 또 트렌드는 어떤지가 점차 손에 잡히기 때문이다.

④ 고객 만족을 뛰어넘을 수 있는 행동 계획을 세우고 실천한다

이 부분이 아주 중요한데, 구체적인 행동 계획이 필요하다. 이 고객에게는 이렇게 하고 저 고객에게는 저렇게 한다는 것을 구체적으로 결정한다. 고객에게 딱 맞는 '얼음 맥주'를 찾는 것이다.

'얼음 맥주'는 업계와 기업에 따라 다 다르다. 예를 들어 어느 가방 회사는 99.5퍼센트 이상의 납기 엄수율을 지키는 것으로 유명하다. 또 어떤 화장품 메이커는 매장에 근무하는 미용 컨설턴트에 대한 고객들의 만족도 향상에 총력을 기울이고 있다. 고객 만족은 총론의 문제가 아니라 각론의 문제라는 것을 깨달아야 한다. 필요한 것은 고객 만족, 더 나아가 고객 감동을 실현하는 것이다.

⑤ 개선된 상황을 정기적으로 평가하고 잘못된 부분을 시정한다

고객 만족도를 높이는 시책들을 실행에 옮겼으면, 반년 후 또는

1년 후에 결과가 어떻게 되었는지를 정기적으로 평가해야 한다. 필요에 따라 잘못된 부분은 시정한다.

고객이 우리 회사를 떠난 이유

마지막으로 한 가지, 소매업과 같이 고객과 직접 접촉하면서 서비스를 제공하는 경영자에게 꼭 전해주고 싶은 자료가 있다. 소매점의 고객 만족과 관련하여 고객이 우리 회사를 떠난 이유를 조사한 자료가 있는데, 그 내용이 굉장히 흥미롭다(도표 2-2).

  고객이 어떤 가게를 가지 않게 된 이유에는 여러 가지가 있다. 고객이 사망했거나 이사를 했을 수도 있고, 경쟁 회사 제품의 품질이

| 도표 2-2 | **고객이 우리 회사를 떠난 이유**

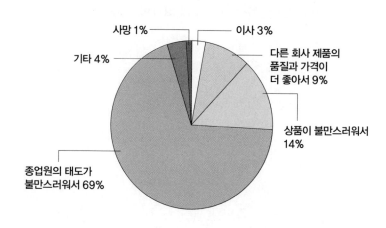

사망 1%
이사 3%
기타 4%
다른 회사 제품의
품질과 가격이
더 좋아서 9%
상품이 불만스러워서
14%
종업원의 태도가
불만스러워서 69%

(출처) 미국 슈퍼마켓 '퍼블릭스(Publix)'의 사내 정보

나 가격이 더 좋아서일 수도 있다. 그중에서도 압도적으로 큰 비중을 차지한 이유는 "종업원의 태도가 마음에 안 들어서 발길을 끊었다."는 것이었다.

이 조사로 소매업에서 가장 중요한 것이 종업원의 태도라는 점을 알 수 있다. 이것을 거꾸로 이야기하면, 그렇게 많은 시간과 돈을 들이지 않고도 경영자나 점장이 약간의 교육을 실시해 상황을 바꿀 수 있다는 말이기도 하다. "기업을 변화시키려면 투자가 필요하다."라고 말하는 경영자를 가끔 본다. 그러나 고객 만족과 고객 감동을 실현하는 데 항상 돈이 필요하다고 보는 사고방식은 잘못된 것이다.

성장하는 회사는 경영자부터 앞장선다. 고객 만족을 실현한다는 당연한 사실을 경영자부터 철저하게 그리고 지속적으로 실천하는 것이다. 이때 필요한 것이 바로 우리 회사의 '얼음 맥주'이다.

고객을 만족시키면
이익은 저절로 따라온다

회사가 자동차라면 이익은 연료

이익이란 무엇인가? 경영에 있어서 이 부분을 오해하는 경우가 종종 있다.

경영자가 절대로 범하지 말아야 할 실수가 있다. 이익을 내는 것 자체를 회사 경영의 목적으로 삼는 것이다. 이런 회사를 가끔 보는데, 기업 경영의 목적을 이익 추구, 그것도 단기 이익을 추구하는데만 두는 회사는 진짜 기업이라 할 수 없다. 한때 '기업의 수명은 30년'이라는 말이 유행한 적도 있었지만, 이런 회사는 잘해 봐야 수명이 3~4년일 것이다.

그러면 진짜 이익이란 무엇일까? 물론 기업 입장에서는 이익이 목적의 한 측면이기도 하다. 그러나 그보다 더 중요한 것은 이익을

'결과'이자 '수단'이라고 보아야 한다는 것이다. 나는 자주 이익을 연료에 비유하곤 한다. 회사라는 '자동차'를 운전해서 몇 시간 안에 어디까지 도착해야 한다는 목적이나 목표가 있다고 하자. 이때 필요한 것이 자동차를 움직이는 '연료'인데, 그것이 바로 이익이다.

연료가 떨어지면 회사는 엔진 고장으로 오도가도 못하게 된다. 그럴 수는 없는 노릇이니 연료라는 이름의 이익은 절대로 빠뜨릴 수가 없다. 그러나 자동차를 운전하는 본래의 목적은 연료를 태우는 것이 아니라 목적지까지 잘 도착하는 데 있는 것이다.

그러면 목적지란 무엇인가? 우리 회사의 이해관계자들에게 책임을 다하는 것이다. 가장 가까운 이해관계자로서 사원이라는 존재가 있다. 과연 사원들에게 부끄럽지 않은 월급과 상여금을 지급할 수 있는가? 부끄럽지 않은 월급과 상여금을 지급하기 위해서 필요한 것이 바로 이익이다. 다시 한 번 이야기하겠다. 기업에게 이익은 목적이 아니다. 대단히 중요한 수단인 것이다.

고객 만족을 실현하면 이익은 저절로 따라온다

"우리 회사가 충분히 이익을 올리지 못하고 있다면, 충분히 고객 만족을 달성하지 못하고 있기 때문이라고 생각한다."

마쓰시타 고노스케가 한 말이다. 나는 이 말을 다음과 같이 해석한다. "이익이란 고객 만족의 총화이다." 고객 만족을 완수하고 나아가 고객 감동을 달성한다면, 고객은 기꺼이 상품과 서비스를 구매해줄 것이다. 그 결과로 매상이 오르고 이익이 증가할 것이다. 반대로 매상과 이익이 전혀 늘어나지 않고 있다면, 고객 만족과 고객 감동을 달성하지 못하고 있다는 말이 된다. 이익이 증가하고 성장하는 회사와 그렇지 않은 회사는 본질적으로 여기에 차이가 있는 것이다.

그러면 실제로 고객 만족을 실현하는 당사자는 누구인가? 거래하는 은행도 아니고 경제전문가도 아니고 증권회사도 아니고 컨설턴트도 아니다. 바로 사원이다. 그렇기 때문에 경영자는 가장 먼저 사원들부터 챙겨야 한다. 81쪽의 표 2-1을 다시 한 번 봐주기 바란다. 기업이 성립되는 과정에서, '고객과 사회 만족'이나 '주주 만족'보다 '사원의 수준(만족)'이 훨씬 더 앞에 놓여 있는 이유가 바로 그 때문이다. 사원이 의욕이 없고 불평불만이 가득해 날림으로 공사를 하고 있는 회사가 지속적인 고객 만족을 달성하리라고는 누구도 생각하기 어려울 것이다.

"CS보다 ES." 사원부터 챙기는 것이 중요하다는 사실을 나는 이렇게 표현하고 있다. CS(Customer Satisfaction, 고객 만족)보다 ES(Employee Satisfaction, 사원 만족)를 우선으로 하지 않으면, 이익이라는 결과가 따라오지 않는다는 뜻이다.

일설에 따르면, 일본 기업 가운데 확정신고를 하고 세금을 내는 회사가 전체의 30퍼센트 이하라고 한다. 이것이 사실이라면 70퍼센트는 이익을 내지 못하고 있다는 말이 된다. 다시 말해 고객 만족을 충분히 달성하지 못하고 있다는 말이 된다.

상장을 하면 큰 이점이 있지만 잃어버리는 것도 있다

"우리 회사는 상장을 목표로 하고 있기 때문에 아무래도 이익을 추구하는 것이 중요하다." 이렇게 말하는 사장도 있을 것이다. 상장을 목표로 하는 것 자체는 문제가 없다. 그러나 상장하는 데는 큰 이점이 있는 반면 잃어버리는 부분도 있다는 점을 인식해야 한다.

상장을 통해서 얻을 수 있는 이점에는 여러 가지가 있다. 시장에서 자금 조달을 하기가 쉬워질 것이고, 은행이나 거래처의 신뢰를 더 많이 얻을 수 있으며, 사원들의 자긍심이나 의욕도 더한층 북돋을 수 있을 것이다. 또 인지도가 높아지면 인재를 채용할 수도 있고, 그밖에도 많은 이점이 있을 것이다.

한편으로 상장기업의 지위를 유지하는 데는 상상 이상의 비용과 시간이 소요된다는 것도 각오해야 한다. 상장할 때의 비용뿐만 아니라 유지하는 데도 비용이 들기 때문이다.

각양각층의 사람들이 한 회사의 주식을 갖고 있는 상황이 되면, 상장하기 전처럼 경영자 자신의 생각만으로 즉시 실행하기가 어려워질 수도 있다. 달리 보면, 경영자가 교만과 독선에 빠지는 것을 막고 다수의 시각에서 경영의 건전성을 점검받을 수 있다고도 할 수 있다. 그러나 점검받고 있는 사이에 중요한 시기를 놓쳐버릴 수도 있다.

무엇보다 가장 큰 단점은 주주총회니 뭐니 하면서 경영 실무 외에 다른 데 많은 시간을 뺏기게 된다. 본래 경영에 쏟아야 할 시간을 상당히 할애할 각오를 해야 한다.

　상장 여부는 이러한 이점과 단점을 냉정하고 객관적으로 평가한 다음에 판단해야 한다. 실제로 열심히 상장을 해놓고는 또다시 돈을 들여 비공개화하는 기업도 있다. 상장이 성공적인 결과로 이어지려면, 사전에 충분히 공부를 해야 한다.

3장

목표,
위대한 조직으로
이끄는 강력한 힘

목표를 세운 사람과 목표를 세우지 않은 사람들의 업무 실적을 조사해보면 실제로 목표를 세운 사람이 2배 실적이 좋다. 목표 여부에 따라 조직과 개인의 성과가 2배나 차이가 날 정도로 목표는 장점을 갖고 있다. 다만 목표가 그냥 목표가 아니고 올바른 목표여야 한다. 올바른 목표를 설정하는 데 필요한 키워드 'START'에 대해 알아보자.

경영이란
터널 끝의 빛을 보여주는 것

터널 끝의 빛이 사원을 뛰게 만든다

"많이 팔아 와라.", "고객을 확보해라.", "대금을 회수해 와라."라는 사장의 말에 등 떠밀리다시피 일만 해온 사원들. 한 줄기 빛도 보이지 않는 터널 속에 갇힌 사원들에게 점점 피로감과 피폐함이 심해지고 있는 현상에 대해서는 이미 제1장에서 이야기한 바 있다. 그러면 사원들에게 '터널 끝의 빛'이란 구체적으로 어떤 것을 의미하는 것일까? 어떻게 하면 사원들이 활력이 넘치게 만들 수 있을까? 제3장에서는 이 부분에 관해 자세히 이야기해보기로 하자.

회사가 나아가야 할 방향에 관해서 이야기할 때, 다른 것은 다 빼다 해도 절대로 빠뜨릴 수 없는 것이 있다. 바로 전략이다. 지금까지 거론한 다른 주제들에 비하면, 전략이라는 말은 참 골치가 아프다. 사람에 따라서 개념이나 파악하는 방식이 다 다르고, 해석도 애매모호하기 때문이다. 그래서 '전략'이란 말을 별로 좋아하지 않는 사람이 있다는 말까지 들었다. 경영 현장을 잘 모르는 사람이 즐겨 쓰는 공허한 말이 아니냐는 것이다.

스탠퍼드 경영대학원 교수 로버트 버겔먼(Robert A. Burgelman)처럼 "전략이란 기업의 운명이다."라고 단정하는 사람도 있다. 이처럼 전략은 경영에서 지극히 중요한 원리원칙이다. 나는 전략을 이렇게 보고 있다. 경영이란 다음 네 가지를 행하는 것이며, 이것이 경영자가 해야 할 직무의 95퍼센트를 차지한다. 세상이 흔히 말하는 '전략'이란 이 네 가지 가운데 세 번째에 해당하는 것이다.

① 지금 어디인가?

높은 산을 오르고 있다고 해보자. 이때 얼마나 더 올라가야 하는지 모르는 채로 빨리 가라는 재촉을 받는 경우와, 지금 어디쯤 왔는지를 알고 산을 오르는 경우가 있을 것이다. 두 경우 정신적인 안정감의 정도가 전혀 다를 것이다.

비즈니스도 마찬가지다. "우리 회사는 지금까지 이런 것을 해왔고, 현재 상황은 이렇다. 이 부분은 상당히 개선되었지만, 아직 한참 더 손을 봐야 할 부분도 있다." 이와 같이 우리 회사의 현황을 설명하는 것이 "지금 어디인가?"이다. 간단히 말해 현황을 파악하는 것이다.

② 어떻게 되기를 바라는가?

여기에는 두 가지 요소가 있다. 하나는 개념적인 '이념' 이다. 이념의 내용을 더 구체적으로 들여다보면 다음과 같은 세 가지가 있다. 사실 폐색감을 느끼는 사원들이 원하는 것이 바로 이것이다. 그리고 이것이 '방향' 이자 '터널 끝의 빛' 이다.

- **비전:** 우리 회사는 어떤 회사가 되고자 하는가?
- **사명:** 우리 회사는 누구를 위해, 무엇을 위해 존재하는가?
- **가치:** 경영에서 가장 중요한 것은 무엇인가?

이런 것들이 개념적인 '이념' 이자 '나아가야 할 길' 이다. 그러나 이대로는 너무나 추상적이다. 이념에 숫자를 추가하면, 더욱 구체적인 목표가 탄생한다. 이것이 "어떻게 되기를 바라는가?"의 두 번째 요소이다. 매상이나 이익이 얼마이고 시장 점유율이 몇 퍼센트라고 하는, 수치로 나타낸 목표인 것이다.

"어떻게 되기를 바라는가?"라는 것은 이념과 목표라는 두 가지 요소로 성립한다. 전자가 개념적이고 추상적인 데 반해, 후자는 계산이 가능하고 구체적인 것이 특징이다.

③ 어떻게 할 것인가?

'이념' 에 숫자가 추가되어 만들어진 '목표' 가 있다면, 이제 실제로 무엇을 어떻게 해서 그 목표를 달성할 것인가 하는 문제가 남아 있다. 그 방법론을 대강의 틀로 만들어 제시한 것이 '전략'이다. '할 일' 그리고 '하는 방법'의 틀이라고 할 수 있겠다. 전략은 돈을 버는 방식, 비즈니스 모델, 로드맵, 공정표라고도 할 수 있다. 나아가 그 전략을 현장에 구체적으로 투입하는 것이 '전술'이다. "어떻게 할 것인가?"는 전략과 전술 두 가지로 성립한다.

어디까지를 전략이라 부르고 어디서부터 전술이라 할 것인지는 회사에 따라서 다르겠지만, 다음과 같이 정리해볼 수 있다.

- **경영자가 생각해야 하는 것은 '무엇을(What)'이다:** 무엇을 할 것인가/하지 않을 것인가 = 전략
- **사원이 생각해야 하는 것은 '어떻게(How)'이다:** 어떻게 할 것인가 = 전술

④ 어떻게 되었는가?

전략을 실행에 옮긴 결과, 목표는 어느 정도 달성되었는가? 아웃풋을 분석하고 이어서 다음 과정으로 연결하는 작업이 필요하다. 경영의 기본 중의 기본인 PDC 사이클(경영의 기본적인 관리 기법으로 Plan, Do, Check의 업무 사이클을 뜻한다) 혹은 PDCA 사이클(Plan, Do, Check, Action의 업무 사이클을 뜻한다)에서 C에 해당하는 부분이다.

경영자의 업무가 '목표'와 '전술'에 치우쳐 있지는 않은가?

실제로 사원들이 피폐함을 호소하고 있는 회사를 보면, 경영자가 "물건을 더 많이 팔아라. 고객을 확보해라. 대금을 회수해 와라." 하면서 구체적인 '전술'에만 목을 매고 있는 경우가 많다. "전술의 실패를 전략으로 보충하는 것은 가능하지만, 전략의 부족함을 전술로 보충할 수는 없다."라는 말은 이미 고전에 속한다. 그런데도 여전히 전략 부재 상태에서 목표를, 그것도 처음부터 끝까지 단기 목표와 전술만을 붙들고 씨름하는 사례가 적지 않다.

물론 경영자는 전술을 이해하고 있어야 한다. 그렇지 않으면 현장이나 현실에서 유리된 채 벌거벗은 임금님이 되기 십상이다. 그러나 전술을 세우고 결정하는 것은 현장 담당자의 업무이다. 경영자가 고개를 들이밀고 간섭할 일이 아니다.

그보다도 경영자가 가장 먼저 해야 할 일은 '이념과 비전'을 세우는 것이다. 그런 다음에는 이념과 비전에 바탕을 둔 '단기 목표와 장기 목표'를 설정한다. 그리고 그 목표를 달성하기 위한 '전략'을 구축하고, 그것을 사원들이 받아들일 수 있는 형태로 바꾸어 '전달'해야 한다. 이렇게 이어지는 일련의 임무가 경영자가 맡은 역할의 핵심이다.

이념과 비전을 세우는 것에 대해서는 이미 제1장에서 다루었으니, 이제부터는 '목표'와 '전술'과 '전달'에 대해 구체적으로 이야기해보기로 하자.

목표를 설정하는
5가지 키워드

목표 설정에 따라서 사원들의 만족도는 3배나 달라진다

목표 설정의 중요성을 강조하는 데는 그만한 이유가 있다. 장점이 있기 때문이다. 이것을 뒷받침해주는 수치가 있다.

매상을 20퍼센트 올리겠다는 목표를 세운 사람 50명과 목표를 세우지 않은 50명이 있었다. 그중에서 실제로 매상을 20퍼센트 이상 올리는 데 성공한 사람을 살펴보니, 목표를 세운 사람이 28명이었고 목표를 세우지 않은 사람이 15명이었다. 28명과 15명의 차이는 거의 2배에 가깝다.

그뿐만이 아니다. 자신이 목표를 달성했다는 데 대해 "해냈다!" 하는 만족감을 느낀 사람이 얼마나 되는지 조사해보았더니, 목표를 설정한 사람은 28명 중 28명 모두였으나 목표를 설정하지 않은

15명 중에서는 8명밖에 없었다. 28명과 8명. 그 차이가 무려 3.5배에 이른다.

목표 달성률은 약 2배이고 만족감은 3.5배라는 것, 처음에 이야기한 목표 설정의 장점이 바로 이 두 가지이다. 다만 여기서 주의해야 할 것이 있다. 목표란 그냥 목표가 아니고 '올바른 목표'여야 한다.

올바른 목표를 설정하는 데 필요한 키워드 'SMART'

우선 목표에는 다음과 같은 네 가지가 있다는 것부터 확인하고 넘어가자.

- **포기 목표**: 이루어질 가능성이 없는 목표
- **기대 목표**: 가능하다면 하고 싶은 목표
- **강제 목표**: 시키면 하는 목표
- **납득 목표 또는 책임 목표**: 의욕을 가지고 하고 싶어 하는 목표

이 가운데 어떤 목표가 가장 바람직한가를 묻는다면, 두말할 것도 없이 '납득 목표 또는 책임 목표'일 것이다. 포기 목표나 강제 목표로는 사원들의 의욕이 생길 리가 없다. 기대 목표 역시 그저 가능하면 하겠다는 데 지나지 않는다. 잊지 말아야 할 것은, 사원 하나하나가 "해낼 테다!" 하는 적극적인 자세로 뛰어들 수 있는 목표 그리고 노력하면 달성할 수 있는 범위에 속하는 올바른 목표를 설

정해야 한다는 것이다. 이 작업은 사원들의 능력과 목표의 난이도를 정확히 꿰뚫어 볼 수 있어야 하는 만큼, 경영자의 수완이 그대로 드러나는 핵심이기도 하다.

그러면 올바른 목표란 어떻게 세워야 하는 것인가? 나는 여기에 필요한 요소 5가지를 첫 글자를 따서 'SMART'라고 부른다.

S: Stretch(늘려 잡을 것)

사원이 자신의 현재 역량을 15~20퍼센트 정도 늘리면 달성할 수 있겠다고 느낄 정도의 난이도가 있는 목표를 잡는 것이 가장 좋다. 영어로 말하면 'Challenging but attainable(도전적이긴 하지만 달성 가능한)', 내 표현으로는 '하려고 하면 못할 것도 없는' 수준이라 하겠다.

현재 역량보다 5~6배 높은 목표를 내놓으면 코웃음부터 칠 것이고, 반대로 50~60퍼센트 정도로 해치울 수 있는 목표라면 아예 의욕조차 생기지 않을 것이다. 앞에 놓인 장애물이 힘차게 발을 구르지 않고도 뛰어넘을 수 있는 정도라면, 설사 뛰어넘더라도 해냈다는 성취감이나 환희를 느낄 수가 없다.

인간이란 약간의 무리 없이는 성장하지 않는 존재이다. 그러나 너무 잡아당기면 끊어져 버리는 고무줄과도 같다. 어느 정도 강약 조절을 할 것인지, 미리 정확히 짚어낼 수 있어야 할 것이다.

M: Measurable(측정 가능한 것)

미국 비즈니스맨들이 자주 입에 올리는 말이 있다. "What gets measured, gets one."(측정할 수 있는 것이라면 실행에 옮길 수 있다.) 그러나 "열과 성을 다하여 무조건 전력투구하자."라는 식으로 단지 정신적인 측면을 이야기하는 것은 목표라고 부를 수 없다.

거기다가 객관적으로 결과를 측정할 수 있는 숫자를 넣을 때, 비로소 평가가 가능해지고 사원들도 해볼 마음이 생기게 된다.

A: Accepted(납득할 수 있는 것)

앞에서 이야기했지만, 강제 목표나 포기 목표로는 사원들의 마음에 정열의 불을 댕길 수 없다. 누구나 자기 자신이 목표를 받아들일 수 있을 때 비로소 적극적으로 덤벼든다. 그러면 어떻게 해야 납득 목표를 세울 수 있을까? 이 문제는 다음에 이어서 자세히 설명할 것이다.

R: Resource(경영 자원이 뒷받침될 것)

목표를 달성하는 데는 시간도 걸리고 사람과 돈도 필요하다. 목표의 난이도에 따라 경영 자원이 얼마나 필요한지 사전에 계산해서 준비해두어야 한다. 자원이 뒷받침되지 않으면 그림의 떡으로 끝나고 만다. 총만 갖고서는 전쟁에서 이길 수 없다.

T: Time(시간 설정)

'언제까지'라는 마감 시간을 설정해야 한다. 시간이 설정되어 있지 않은 목표는 목표가 아니라 다만 기대일 뿐이다. "해야지. 해야지." 하다가 날이 저물고 만다.

지금까지 설명한 SMART를 염두에 두고 목표를 설정한다면, 사원들이 마음으로 받아들여 '해야 되는' 목표가 아니라 '하고 싶은' 목표가 될 것이다.

내 오랜 경험에 비추어볼 때, 사실 이런 원칙을 이해하면서 사원들에게 목표를 제시하는 사장은 그렇게 많지가 않다. 안타깝게도 강제 목표인 경우가 많다. "군소리 말고 해라." 사장이 이런 식으로 하는데 사원들의 동기가 향상될 턱이 있을까? "군소리는 안 한다. 일도 정성껏 안 한다." 이런 식으로 곳곳에서 날림 공사가 진행될 것이다.

책임감을 심어주는
5가지 단계

목표를 설정하는 과정에 사원을 참여시킨다

사원들이 충분히 이해하고 납득해서 적극적인 자세로 달려갈 수 있는 목표가 되려면 반드시 'SMART'의 A, 즉 '납득 목표'가 되어야 한다. 어떻게 해야 사원들이 납득하도록 만들 수 있을까? 그렇게 하려면 목표를 만드는 과정을 연구해야 한다.

이념이든 목표든 전략이든 간에, 경영자가 혼자 이것저것 다 결정해 놓고 "잔소리 말고 이거나 해라." 해서는 아무도 따라오지 않는다. 무엇이든 간에 만드는 과정에 사원들을 끌어들이는 것이 중요하다.

관여할 수 있는 기회를 얻은 사원은 "나도 함께 힘을 합쳐 만들어냈다."고 하는 기쁨과 자랑스러움을 느낀다. 이 감정은 더 나아가 다음과 같은 두 가지 효과를 낳는다. 첫 번째가 애착심이다. 결과물이 남의 아이가 아니라 '내 아이'가 되는 것이다. 내 아이에게는 애착심과 책임감이 생겨난다. 그것이 두 번째 효과인 책임감, 즉 "죽어도 할 테다!" 하는 강한 성취 의욕으로 이어지는 것이다.

여담이지만, 내가 사장 모임 같은 데서 자주 하는 미국식 농담이 있다.

"햄에그 문제를 논할 때, 닭은 참가할 뿐이지만 돼지는 책임감을 갖는다." 닭이야 달걀을 낳는 것으로 제 할 일을 끝내고는 꼬꼬댁거리며 싸돌아다녀도 되지만, 돼지는 제 목숨을 내놓고 햄이 되어야 하기 때문이다. 햄에그 문제를 말할 때, 돼지의 자세가 바로 '책임감' 그 자체인 것이다.

먼저 숲을 보여준 다음 나무로 들어간다

사원의 마음에 책임감을 심어주려면 어떤 식으로 접근해야 하는지 이해했을 것이다. 문제는 실천이다.

회사가 정작 사원을 끌어들이려 했더니 "바쁘다.", "그런 귀찮은 일에 시간을 내고 싶지 않다.", "왜 내가 해야 돼?" 하면서 불평과 불만의 목소리가 커지는 경우가 있다. 자신의 제안으로 시작된 업무에는 매진하면서, 다른 사람이 내놓은 프로젝트에 참가해달라고 요청하면 왜 업무도 아닌 일까지 해야 하느냐는 반응을 보인다. 영어로 'NIH(Not Invented Here)'라는 말이 있다. 직역하면 "여기서 발명한 게 아니다."라는 말로, 자기가 만들지 않은 것 또는 다른 사람이 떠맡기는 일에 거부감을 느끼고 회피하려 한다는 의미이다. 인간 심리의 정곡을 찌르는 말이라 하겠다. NIH증후군이라는 저항을 뛰어넘어 사원들에게 의욕을 고취시킬 수 있는 방법으로, 다음 다섯 가지 단계를 소개한다.

① 숲을 제시한다

다시 한 번 말하지만, 무엇보다 방향성(이념, 목표, 전략)을 제대로 전달하고 있는지를 철저하게 재확인한다. 지금은 이렇지만 앞으로는 이러이러하게 될 것이라는 꿈, 그리고 어떻게 그 꿈을 이룰 것인지 대략적인 방법을 설득력 있게 설명한다. 그리고 이 일 또는 이 프로젝트가 회사에 어떤 의미가 있는지를 전체적인 틀 속에서 사원들에게 제시한다. 세세한 설명을 하기에 앞서, 나무를 보여주기에 앞서, 전체적인 틀과 커다란 숲부터 보여주어야 한다는 말이다.

② 왜 당신이어야 하는지를 설명한다

다음은 왜 당신이 이 일을 맡아주었으면 하는지, 왜 이 프로젝트에 당신이 참여해주기를 바라는지를 설명한다. 인간은 누군가가 자신을 믿고 일을 맡길 때 기쁨을 느낀다. 다른 사람이 아닌 바로 당신에게 맡기고 싶은 이유를 전달할 때, 상대방은 자기가 참여하는 일의 중요성을 인식하게 된다. 이와 관련해 피터 드러커는 이런 말을 남겼다.

"사람을 키우는 가장 효과적인 방법은 일을 맡기는 것이다."

많은 중소기업이 매상이나 이익 증대라는 무대를 맴돌며 좀처럼 그 자리를 벗어나지 못하고 있다. 성장하지 못하는 가장 큰 이유는 바로 '맡기는 능력'이 부족하기 때문이다. 맡기는 일이 얼마나 중요한지에 관해서는 제5장에서 자세히 다룰 것이다.

③ 권한 위양을 올바르게 한다

당신이 맡아주었으면 좋겠다는 뜻은 잘 전달해 놓고, "그다음은 모르겠다. 알아서 해라."가 되어서는 안 된다. 그것은 권한 위양이 아니라 권한 방기이다. 물론 언제까지 이러저러한 일을 하기 바란다는 목표를 제시해주어야 한다는 대전제는 있다. 그러나 그것만으로는 부족하다. 목표를 달성하려면 시간이나 돈을 비롯해 다양한 경영 자원이 필요하다. 경우에 따라서는 어시스턴트를 해줄 인재가 필요할 수도 있고, 밖에서 노하우를 사들여야 할 필요도 있다. 무엇을 하든 간에 맨주먹으로 할 수는 없다는 말이다. 경영 자원이나 필요한 것이 뒷받침되지 않으면 일을 맡은 사원은 불안해진다.

이럴 때는 "언제까지 이 일을 해주면 좋겠는데, 어떤 조건이면 최상의 상태로 업무가 진행될 수 있겠는가? 필요한 요구 사항을 기탄없이 내놔보시오."라고 물어보자. 경영 자원을 조달하는 단계부터 이야기를 맞추면 상대방은 업무의 진행 과정을 스스로 납득하면서 매진할 수 있다.

④ 여덟 번 칭찬하고 두 번 야단친다

칭찬에 관해서는 뒤에서 다시 한 번 다룰 것이므로 여기서는 자세히 논하지 않겠다. 다만 중장년 남성들이 남을 칭찬하는 데 몹시 서투르다는 사실을 알았으면 한다. 적어도 구미의 비즈니스맨과 비교해보면 칭찬하는 문화나 습관에 익숙하지 않은 것이 사실이다.

그렇다고 뭐든지 정색을 하고 한껏 부풀려 칭찬할 것은 없다. 그저 가볍게 "잘했네." 하고 한마디 건네면 된다. 열 번이면 여덟 번 정도 가볍게 칭찬하고, 야단치는 것은 두 번으로 끝낸다. 일설에 따르면, 사람의 반응 정도는 칭찬받을 때보다 야단맞을 때 4배 더 강하다고 한다. 그러므로 '여덟 번 칭찬에 두 번 야단' 정도가 균형이 맞는다고 하겠다.

⑤ 평가와 처우를 공정하게 한다

사원들의 의욕을 크게 좌우하는 것은 공정한 평가와 처우이다. 회사가 성장한다는 것은 성과를 만들어낸 사람이 있다는 것이다. 이때 성과를 따지는 것 못지않게 중요한 것이 있다. 올바른 과정을 통해서 얻은 성과인가 하는 점이다. 법령 준수 측면에서 문제가 없었다고 해도 도덕적, 도의적으로 수상한 점이 있어서는 안 된다. 사람을 평가하는 데는 정량적인 요소만이 아니라 정성적인 요소도 중요하다. 이 부분에 대해서는 제5장에서 다시 다룰 것이다.

이 다섯 가지 단계를 밟아 가면서 목표를 설정한다면, 어지간히 비뚤어진 심사를 가진 위인이 아닌 다음에야 좋든 싫든 일할 생각이 날 것이다. 전체적인 틀로 숲을 이해하고 나면 자기 스스로 목표를 인정하고 기꺼이 일을 떠맡는다. 필요에 따라 적절한 조언을 받아 가면서 멋지게 목표를 달성해 내고 나면 당연히 그 결과에 걸맞은 평가와 처우가 기다리고 있을 것이다.

말로 하면 참 간단한데, 실제로는 이런 과정이 만족스럽게 기능하는 조직을 찾아보기가 그리 쉽지가 않다.

살아 있는 전략이
목표로 유인한다

전략이란 경영 목표를 달성하는 데 필요한 틀이자 방법

"조직은 전략을 따른다." 하버드 대학 경영사학자 알프레드 챈들러 (Alfred D. Chandler)는 경영에 있어서 전략의 중요성을 이렇게 말했다. 좀 더 길게 늘어놓자면, 전략이란 이념과 비전에 바탕을 둔 목표, 즉 "어떻게 되기를 바라는가?" 하는 것을 달성하는 데 필요한 "무엇을 할 것인가?" 그리고 "어떻게 할 것인가?"에 해당하는 것이다. 나는 전략을 알기 쉽게 다음과 같이 정의하고 있다.

"전략이란, 경영 목표를 달성하기 위한 커다란 틀에 있어서 '해야 할 것'과 '하는 방법'이다."

전략을 생각할 때 가장 중요한 것은 무엇일까? 그것은 '살아 있는 전략'이어야 한다는 것이다. 종이 위에 잘 쓰여 있는데 아무 쓸모가 없어 보이는 '죽은 전략'으로는, 험한 경쟁에서 싸워 이기기는커녕 살아남기도 어렵다.

그리하여 지금부터 우리 회사의 전략을 살아 있는 전략으로 만드는 데 필요한 11개 조건을 소개하고자 한다. 여러분이 경영자라면, 이 11개 조건을 체크리스트로 만들어서 우리 회사 전략의 질과 수준을 평가하는 데 사용하기 바란다(물론 회사도 천차만별이고 기업마다 나름대로 내부 사정이 있을 테니, 우리 회사에 맞지 않는 항목이 있으면 적당히 바꾸어 적용하기 바란다).

살아 있는 전략이란?

11개 조건은 세 가지 요소로 구성되어 있다. '내용'이 5개, '전략을 책정하는 과정과 활용 방법'이 5개 그리고 모든 것에 전체적으로 해당하는 것이 1개로, 모두 11개이다(도표 3-1). 그러면 차례대로 살펴보기로 하자.

① 기업 이념(비전)에 맞는다

앞에서도 여러 차례 이야기한 바 있지만, 전략이 우리 회사의 기업 이념과 잘 맞느냐 하는 것이다.

"항상 혁신적인 것에 도전한다."라는 이념을 걸어 놓고 전략은 고리타분한 옛날식 장사 습관을 답습하고 있다면, 당연히 설득력을 가질 수 없을 것이다.

기업 이념으로 강조하고 있는 바를 전략이 따라가는 것, 이것이 기본 중의 기본이다.

② 성장하는 시장에서 승부를 겨룬다(시장성, 수익성)

사업 영역은 성장하고 있는 시장에 두는 것이 바람직하다. 아무리 규모가 크다 해도 점차 축소되고 있는 시장이라면, 장래성을 기대할 수 없다.

또 어떤 판에서 승부를 겨룰지 판을 선택하는 문제가 있다. 시장 점유율 80퍼센트를 획득할 수 있다 하더라도 시장 규모 자체가 너

|도표 3-1| 살아 있는 전략의 11개 조건

I. 내용
1. 기업 이념(비전)에 맞는다.
2. 성장하는 시장에서 승부를 겨룬다(시장성, 수익성).
3. 차이성과 우위성을 갖춘 핵심역량이 있다.
4. 집중 효과와 시너지 효과(상승효과)를 살리고 있다.
5. 경영 자원(사람, 물자, 돈, 시간 등)이 뒷받침되고 있다.

II. 전략을 책정하는 과정과 활용 방법
1. 참가하고 참여한다(사람의 수, 토론의 수준).
2. 사원 전체와 의사소통이 잘 이루어지고 있고, 그 과정에서 사원들의 이해를 충분히 얻고 있다.
3. 부문, 팀, 개인 단위의 '전술' 속에 구체적으로 투입되고 있다.
4. 현장에서 확실하게 실행에 옮겨지고 있다.
5. 사후 평가와 피드백의 PDC 사이클이 잘 돌아간다.

그리고 또 한 가지
환경 변화에 대응하면서 시의 적절하게 추가 변경이 이루어진다.

무 작으면 별 매력이 없다. 그리고 "이 시장이라면 투자한 만큼 이익을 예상할 수 있겠다." 하는 '수익성'에도 주목해야 한다. 사업 영역은 반드시 '시장성'과 '수익성' 양 측면을 모두 평가한 다음에 뛰어들지 말지를 결정해야 한다. 승부를 겨룰 때는 제대로 된 판을 선택해야 한다.

③ 차이성과 우위성을 갖춘 핵심역량이 있다

다른 회사와 똑같이 해서는 경쟁에서 이길 수 없다. 고객이 일부러 우리 회사를 선택할 만한 이유가 없기 때문이다. 다른 회사에 없는 독자성은 무엇인가? 다른 회사와 비교했을 때 우위성이 있는 것은 무엇인가? 이처럼 우리 회사의 핵심역량(우리 회사의 강점)을 끝까지 찾아낼 필요가 있다.

몇 가지 예를 꼽아 보자면, 혼다의 엔진 기술, 한때 소니의 소형화 기술, 샤프의 초박형 액정 디스플레이 기술 등이 있다. 물론 핵심역량은 기술에만 한정되지 않는다. 가오(화장품과 샴푸 등으로 유명한 일본의 대표적인 생활용품 기업-역자)의 상품 개발 능력, 세븐일레븐의 수발주 관리 시스템(POS), 모스버거(일본 패스트푸드 전문점-역자)의 고급 지향성 등과 같이 상품이나 가격, 서비스, 브랜드도 차별화 요인이 될 수 있다. 웬만해서는 다른 회사에 지지 않는 우리 회사의 강점, 그것이 전략의 핵심이다.

④ 집중 효과와 시너지 효과(상승효과)를 살리고 있다

사람, 물자, 돈, 시간, 기술 등 경영자가 사용할 수 있는 경영 자원은 한정되어 있다. 모든 것이 제한되어 있다. 무한히 공급되는 것은 아무것도 없다. 예산을 수돗물처럼 펑펑 쓸 수 있는 회사도 없고, 사람을 무한정 고용해서 쓸 수 있는 회사도 없다. 한정된 자원을 변통해 가면서 소기의 목적을 달성해야 하는 입장에서, 이것저것 다 손댈 수는 없다. 이것인지 저것인지를 결정해야 한다. '모든 것을 쫓다가 모든 것을 다 잃는 격'이 될 수도 있기 때문이다. 바로 여기서, 우리 회사의 강점을 한데 모을 수 있는 분야를 결정하고, 거기에 경영 자원을 집중할 필요성이 생겨난다.

한편, 사업 영역을 한 군데로 몰아서 집중하는 데는 리스크가 따르고 사업 신장도 제한이 된다. 때문에 사업 다각화, 즉 다른 사업에 참여하는 것도 생각할 필요가 있다.

이때 중요한 것이 시너지 효과이다. 현재 성공적으로 진행되고 있는 본 사업의 강점을 살리면서, 새로운 사업이나 상품 개발에 뛰어드는 것이다. 전체적으로 상승효과를 얻을 수 있는 신규 사업에 진입하는 것이 성공 요인이다.

⑤ 경영 자원(사람, 물자, 돈, 시간 등)이 뒷받침되고 있다

전략을 수행하다 보면 이런저런 경영 자원이 필요하다. 더할 나위 없이 훌륭한 전략 계획서가 있다 하더라도 실현하는 데 필요한

사람과 물자와 돈과 시간이 없으면 그저 그림의 떡일 뿐이다. 그러므로 경영 자원이 충분히 뒷받침될 수 있는지를 반드시 사전에 검토하고 준비해야 한다.

살아 있는 전략을 만드는 방법

다음은 살아 있는 전략을 책정하는 과정과 활용 방법을 알아보자. 이에 대해서도 역시 다섯 가지를 이야기할 수 있다.

① 참가하고 참여한다(사람의 수, 토론의 수준)

회사 차원의 전략을 만든다고 한다면, 책정 과정에 사장과 간부 사원이 모여 의논을 하면서 참여형 전략을 만드는 것이 가장 바람직하다. 이를 통해 간부 사원은 참여 의식이 생기고 "우리 회사의 장래 운명을 결정하는 전략 수립에 내가 참여했다."라고 하는 일체감과 연대감이 생겨난다. 더 나아가 주인의식은 "어떻게 해서든 달성해야겠다."라고 하는 의욕을 불러일으킨다. 애착심과 책임감이 생기는 것이다.

② 사원 전체와 의사소통이 잘 이루어지고 있고, 사원들의 이해를 충분히 얻고 있다

전략이 수립되었으면 그것을 사원 모두에게 '전달' 해야 한다. 그러나 그저 '전달만' 하거나 '이해만' 하는 것이 되어서는 충분하지 않다. 사원들이 충분히 납득할 수 있는 형태로 올바르게 전달되고 받아들여져야 한다. "이해는 했지만 반대한다."가 되어서는 곤란하다. "잘 이해하고 납득했다."가 되어야 한다.

③ 부문, 팀, 개인 단위의 '전술'에 전략이 구체적으로 투입된다

회사 전체 차원의 전략이 부문이나 팀, 개인 단위의 세세한 전술에 구체적으로 투입되지 않으면, 현장 담당자들은 움직이지 않는다. 그러므로 우선 큰 틀로서 전략을 책정하고, 그다음에 전술로 들어가야 한다. 이것이 올바른 전략과 전술의 수립 방식이다. 본래 전략 그 자체에는 아무 의미가 없다. 전술로 변환되어 구체적으로 투입될 때 비로소 전략은 살아 숨쉬기 시작한다.

④ 현장에서 확실하게 실행에 옮기고 있다

몇 년 전 참석한 어떤 강연회에서 당시 닛산자동차의 재정비 사업을 수행하던 카를로스 곤(Carlos Ghosn) 사장이 이런 말을 한 적이 있다. "계획의 중요성은 5퍼센트고 나머지 95퍼센트는 실행이다." 대기업으로 가면 갈수록 훌륭한 사업 계획과 전략을 세울 수 있겠지만, 아무리 훌륭한 계획일지라도 현장에서 실행에 옮기지 않으면 아무런 의미가 없다는 말이다. "Walk the Talk."(말한 것을 실행한다.)라는 영어 표현이 있다. 중요한 것은 실행이다.

⑤ 사후 평가와 피드백의 PDC 사이클이 잘 돌아간다

PDC 사이클이라는 말을 귀에 못이 박히도록 들었을 것이다. 이 가운데 P(Plan)와 D(Do)에 관해서는 대부분의 회사가 어느 정도 제대로 하고 있다. 그런데 그다음에 이어지는 C(Check)를 충분히 잘하고 있는 회사는 놀라울 정도로 적다. 전략을 실행에 옮기고 결과를 얻었을 때, 그 결과가 좋은지 나쁜지는 평가하면서 그 내용이나 과정을 점검하는 경우는 몹시 드물다.

점검 내용이란 '평가 → 학습 → 반성 → 개선'의 과정을 말한다. 이 과정을 통해서 그다음 연도에는 계획(P)의 수준을 그만큼 높이 향상시킬 수 있다. C를 행하고 있는 회사는 필시 5퍼센트도 되지 않을 것이다. C의 단계, 즉 "어떻게 되었는가?"에 대해서는 제4장에서 자세히 이야기할 것이다.

살아 있는 전략을 만드는 열한 번째 조건으로, 모든 것에 전체적으로 해당하는 말이 있다. "환경 변화에 대응하면서 시의 적절하게 추가 변경이 이루어진다."

전략을 세울 때는 '철수 계획안'도 세워둔다

또 하나 전략을 세울 때 주의해야 할 점이 있다. 신규 사업을 시작하는 경우든 신상품을 시장에 투입하는 경우든 간에, 전략을 세울 때는 도입 계획뿐만 아니라 '철수 계획'도 미리 준비해두어야 한다.

미국 기업에서는 새로운 계획을 세울 때 철수 계획을 한 세트로 묶어 생각하는 경우가 많다. "몇 년 이내에 이러이러한 정도의 실적, 매상, 이익이 나온다면 사업을 계속한다. 이러이러한 정도의 실적을 올릴 수 있다면 거기에 추가로 투자한다. 이러이러한 수준까지 도달하지 못하는 경우에는 축소 또는 철수한다." 이처럼 그만둘 때와 빠져나올 때의 기준을 처음부터 정해 놓는다.

일본의 경우에는 새로운 것을 도입하면서 철수하는 것까지 생각하는 기업이 의외로 적다. 철수 계획이 준비되어 있지 않으면 어떻게 될까? 예를 들어 자금을 투입해서 시작한 사업이 지지부진한 상태에서 벗어나지 못하는 경우를 생각해보자. "언젠가 상황이 호전되지 않을까?" 하는 막연한 기대를 끝내 버리지 못하고 차일피일 결단을 미루다가, 결국 손실액만 점점 불어나는 사태가 발생하기 쉽다. 이미 지출한 매몰비용에 대한 미련과 집착이 사태를 더 크게 악화시키는 것이다.

물론 지금은 급변하는 시대이다. 그러므로 상황이 변화하면 기준도 그에 맞게 바꾸는 것이 좋다. 처음부터 철수 계획을 세워둔다면, '감정'에 좌우되지 않고 '이성적인' 판단을 할 수 있다는 장점이 있다.

사장은
'전달'하는 책임을 다해야 한다

'무조건 110억 원'은 초등학생도 생각할 수 있다

이제 전략을 세우는 것이 얼마나 중요한지 이해했다. 정신적인 측면이 중요한 게 아니라 숫자를 대입한 명확한 목표를 제시해야 할 필요가 있다는 것도 알았다. 이렇게 말해 놓고 다음과 같은 목표를 내건다면 사원들이 어떻게 생각할까?

"작년에 100억 원이었으니 올해는 110억 원이다!" 중간 설명은 쏙 빼 버린 채 아무 맥락도 없이 무조건 110억 원이라니, 사원들로서는 털끝만큼도 납득할 수 없을 것이다. 이것을 목표 설정이라고 한다면, 초등학생도 경영자 자리에 앉을 수 있다.

목표를 설정할 때는 나름대로 논리를 가지고 수치를 산출해내야 한다. 경영자는 수치의 근거를 포함해서 설정한 목표에 관해 사원들에게 철저히 설명해야 할 의무가 있다.

왜 작년을 기준으로 삼는가? 왜 110억 원인가? "작년에 비해 10 퍼센트 올려 잡아서 그렇다." 이것은 올바른 대답이 아니다. 왜 10 퍼센트를 올려 잡았는지, 그 수치에 대한 근거를 설명하고 있지 않기 때문이다. 업계의 상황, 경쟁 회사의 이익 성장률, 우리 회사의 비전이나 전략에서 근거를 가져다가 산출해낸 수치가 아니면 사원들은 쉽게 납득하지 못한다.

'근거 있는 수치'의 예를 하나 들어보겠다. 비디오 대여 체인점 회사에서 채용 시험을 본 학생이, 그 회사가 내건 '전국 3000개 점포'라는 목표에 의문을 품고 질문을 했다고 한다. 그러자 기업 담당자가 이렇게 대답했다. "우리나라 국토 면적을 우리 비디오 대여점 1개 점포당 상권으로 나누면 3000이란 숫자가 나오기 때문이다." 참으로 명쾌한 대답이다.

나 역시 존슨앤드존슨 사장으로 있을 때, "우리나라 GDP 성장률의 최저 3배 매상을 올리겠다."라는 약속을 한 바 있다. 일본 GDP가 4퍼센트라면 매상을 최저 12퍼센트 신장시키겠다는 말이었다.

'3배 신장'이라는 말에는 일본 시장에서 우리 회사의 경쟁력을 3배로 올리겠다는 의미가 있었다. 경영자라면 누구나 매상이나 시장 점유율을 늘릴 생각을 한다. 신장률이 다른 회사와 똑같다면 우위를 확보할 수가 없다. 당시 경쟁 회사의 실력을 생각해 볼 때, 'GDP의 2배'로는 치고 나가는 힘이 부족한 듯하고, 그렇다고 4배로 하기에는 너무 세게 잡아당기는 듯해서 3배로 정했다. 이런 생각에 이르기까지의 근거 그리고 감정과 이성을 바탕으로 산출한 구체적인 숫자를 전달해 많은 사원들의 이해와 납득을 구하고자 노력했다.

경영자는 '왜 그렇게 해야 하는지'를 설명할 책임이 있다

지금까지 사원들에게 전달하는 목표나 수치에는 근거가 있어야 한다고 강조했다. 그러나 실제 상황에 들어가면 자신만만하게 척척 근거를 댈 수 없는 경우도 있는 법이다. 회사란 반드시 논리적으로만 움직이는 존재가 아니다. 통상적인 경영 환경에서라면 또 모른다. 그러나 경제전문가들이 '100년에 한 번 오는 경제 위기'라고 떠들어대는 비상사태쯤 되면, 비록 견실하게 경영해 온 회사라 하더라도 이익을 내기는커녕 적자로 돌아설 수도 있다. 이처럼 외부 환경이 열악하게 돌아갈 때 가장 두려워해야 할 것이 있다면, 아마도 은행 대출이 정지되는 일일 것이다.

그런 사태를 막기 위해서는 어떻게 해서든 적자결산만은 피해야 한다. 그렇다고 소중한 사원들의 인건비에 손을 댄다는 것은 안 될 말이다. 어떻게든 적자를 면하려면 '매상 목표 110억 원'이라는 목표를 양보할 수 없다. 만약 이와 같은 상황이라면 경영자는 어떻게 해야 할까?

"사원들에게는 도저히 이런 말을 할 수도 없거니와, 말해 봐야 뾰족한 수가 있는 것도 아니다." 또는 "회사의 어려움을 말해 봐야 쓸데없이 사원들의 불안감만 부채질할 뿐이다."라는 생각을 하는 경영자가 많다. 그러나 그런 생각은 착각이다.

물론 110억 원은 논리적으로 맞아떨어지는 110억 원이 아닐 수 있다. 틀림없이 대부분의 사원들은 그 수치를 전면적으로 납득하지 못할 것이다. 그러나 사원들도 지금 회사의 형편이 좋지 않다는 것은 알고 있다. 그런데 뭘 물어봐도 그저 "걱정마라. 괜찮다. 너희는 110억 목표 달성만 생각하면 된다."라는 대답만 돌아온다면 어떻겠는가? 오히려 사원들의 불신감이 더욱 깊어질 것이다.

이럴 때는 사원들에게 정직하게 숨김없이 알려야 한다. 110억 원은 경영자의 탐욕이나 변덕이나 무책임한 대책에서 나온 게 아니라, 회사 문을 닫지 않으려면 그만큼의 매상을 올려야 할 필요가 있다고 말이다. 110억이란 숫자가 나온 배경과 왜 필요한지에 대한 근거를 알고 나면, 사원들도 나름대로 이해를 하게 된다. 아니 오히려 정말 잘 말씀해 주셨다며 분발할지도 모른다(회사 문을 닫지 않기 위해서라는 것은 중요한 근거이다). 바로 거기서 건전하고 적극적인 위기의식이 생겨난다.

어떤 경우든 경영자의 생각에 대해 사원들의 이해와 합의를 구하고자 할 때 경영자는 그것을 설명할 책임이 있다. 무언가를 바꾸거나 결정하고자 할 때, 경영자는 왜 그렇게 해야 하는지를 설명해야 한다. 사원들이 납득할 수 있는 형태로 마음을 담아 직접 전달해야 한다.

그렇지 않으면 사원들이 사장을 비난하는 일이 생긴다. 사장의 말과 행동이 일치하지 않는다거나, 제멋대로 생각나는 대로 말한다거나, 조령모개라거나 하면서 말이다. 나는 조령모개라는 말을 절대 부정하지 않는다. 세상이 급속히 변하고 있기 때문이다. 오히려 필요하다면 말을 더 많이 바꾸어도 좋다고 본다. 그럴 때는 물론 이러이러한 이유 때문에 바꾸었다는 설명을 반드시 덧붙여야 한다. 과감하게 한마디 덧붙이자면, 이렇게 말할 수도 있다. "설명해야 할 책임을 다하지 않는 경영자는 경영자가 아니다."

큰 회사 VS 좋은 회사

사원들에게 목표나 전략을 전달할 때 경영자가 염두에 두어야 할 또 하나의 기본 개념이 있다. 사장이 지향하는 바가 '큰 회사'인가 아니면 '좋은 회사'인가 하는 것이다.

개인적으로 나는 '큰 회사'를 지향하는 것은 바람직한 일이지만 일의 순서로는 '좋은 회사'를 만드는 것이 더 중요하다고 생각한다. 기본적으로 회사는 큰 것이 바람직하다. 숫자가 힘이고 규모가 힘이어서 무엇을 하더라도 큰 영향력을 행사할 수 있을 뿐만 아니라, 시장 점유율이나 매상 규모가 크면 손쉽게 가격을 리드할 수 있기 때문이다.

그러나 분별없이 덩치만 키우는 것은 '성장'이 아니라 단순한

'팽창'일 뿐이다. 겉으로만 보면 똑같이 커 보이지만, 팽창한 쪽은 빛 좋은 개살구에 지나지 않는다. 실력이나 실체와는 거리가 멀어서, 지나치게 부풀리다가는 풍선처럼 터져 폭삭 망할 수가 있다.

이에 반해 성장이란, 실력과 실체를 갖추면서 커 나가는 것이다. 성장하는 회사는 품질 좋은 상품과 서비스를 제공하고, 고객과 신뢰 관계를 쌓아 간다. 이때 그 바탕에는 우수한 사원과 리더십이 뛰어난 경영자가 있다. 회사가 크게 성장할 만한 든든한 배경이 마련되어 있는 것이다.

또 회사가 속한 업종이나 업태에 따라 각기 '적정 규모'라는 것이 있다. 예를 들어 지금 같은 시대에 레코드 바늘이나 고무신을 만들어서 수천 억 규모의 기업을 일구기는 어려울 것이다. 회사가 팽창이 아닌 성장을 하고자 할 때, 적정 규모가 어느 정도인지를 잘 파악해야 한다.

무엇을 가지고 큰 회사라 하고 무엇을 가지고 좋은 회사라 하는 것일까? 이 질문에 총론적인 답은 없다. 경영자 한 사람 한 사람이 각론적으로 생각해야 할 문제이다. 큰 회사냐 좋은 회사냐 하는 문제를 놓고, 흑이냐 백이냐 하는 식의 이율배반적인 생각을 할 필요는 없다. "이 정도 규모의 큰 회사를 지향하면서, 이런 수준 이상의 좋은 회사를 동시에 지향한다."라고 할 수도 있다. 우리 회사에 적당한 균형 수준을 정확히 파악하고, 그것을 사원들에게 항상 전달하는 것이 중요하다.

4장

실행,
당연한 일을
철저하게 꾸준히

말만 하고 행동이 없는 악습을 없애고자 할 때 가장 중요한 것이 경영자의 의식 변혁이다. 리더는 솔선수범하는 모습을 보여야 한다. 사장은 사원의 역할 모델이어야 한다. 총사령관이 전장에서 살짝 떨어진 언덕에 올라가 "이리 가거라. 저리 가거라." 하면서 지켜볼 생각이나 하고 있다면, 병사들의 사기가 오를 수가 없다.

뜨거운 주인의식이
나와 조직의 운명을 바꾼다

사원 가족의 행복까지도 책임지고 있다는 자각이 필요하다

예전에 유명한 미국계 컨설팅 회사에서 일했던 사람과 식사를 할 기회가 있었다. 그때 아주 흥미로운 이야기를 들었다. 그 사람은 자기 회사에서는 나오기 힘들 정도로 수준 높은 개선 계획이나 전략을 제안해 수많은 클라이언트에게 높은 평가를 받은 사람이다. 그 사람이 이런 말을 툭 던졌다. "아타라시 씨. 이제 와서 하는 말이지만, 내가 맡았던 프로젝트 중에 정말로 클라이언트에게 도움이 되었을 거라고 생각되는 건 30퍼센트 정도밖에 안 돼요." 도움이 되었을 만한 제안이 겨우 30퍼센트였다는 것이다!

왜일까? 이유는 간단하다. 컨설턴트가 아무리 훌륭한 계획을 세워도 실행에 옮기는 것은 클라이언트이기 때문이다. 계획을 충분히 이해하고, 실행에 옮겨 성과를 이끌어낼 수 있을 정도의 의욕과 능력을 겸비한 인재가 클라이언트 중에 과연 몇 명이나 있었을까? 물론 완벽한 계획안을 내고자 열심히 노력하기는 했지만 기업 측에 충분한 실행력이 있는지에 대해서는 고민하지 못했고, 결과적으로 자신의 제안이 대부분 그림의 떡으로 그치고 말았다는 반성의 변이었다.

나도 경영자로서 컨설턴트의 도움을 받은 적이 있다. 그런데 여기서 주의해야 할 것이 있다. 컨설턴트는 회사가 이용하는 서비스 제공자일 뿐이다. 절대로 컨설턴트에게 회사가 이용되어서는 안 된다. 그런데 많은 회사가 컨설턴트에게 질질 끌려 다니면서 이용당하고 있다. 이래서는 원하는 결과가 나올 수 없다. 앞에서 이야기한 전직 컨설턴트는 기본적인 원칙을 잊고 있었다. 무엇보다 중요한 것이 계획 다음에 이어지는 실행력이라는 것을 말이다. 바로 이점을 경영자가 어느 정도 인식하고 있느냐 하는 것이 중요하다.

닛산자동차의 구세주로 일본에 온 카를로스 곤 사장은 당시 심각한 상황에 처해 있던 회사에 취임한 후 크게 놀랐다고 한다. 손을 쓸 수 없을 정도로 궁상맞은 상태였기 때문이 아니었다. 나름대로 재건 계획안이 있었는데 실행에 옮겨지지 않았다는 사실을 알고는 충격을 받았다고 한다. 그는 그 회사에 부족한 것이 두 가지 있었는데, 하나가 '어카운터빌리티'(accountability, 성과책임)이고 또 하나가 책임감이었다고 말했다. 본질을 꿰뚫는 지적이라 하겠다.

말만 하고 행동이 없는 악습을 없애고자 할 때 가장 중요한 것이 경영자의 의식 변혁이다. 그중 하나가 리더로서 솔선수범하는 모습을 보이는 것이다. 사장은 사원의 역할 모델이어야 한다. 총사령관이란 자가 전장에서 살짝 떨어진 언덕에 올라가 "이리 가거라. 저리 가거라." 하면서 지켜볼 생각이나 하고 있다면, 병사들의 사기가 오를 수가 없다. 경영자에게 필요한 것은 타오르는 주인의식과 그에 바탕을 둔 말과 실천이다.

강력한 주인의식을 가지려면 경영에 대한 끓어오르는 책임감을 가져야 한다. 100명이 되는 사원을 하나하나 보살피는 것으로 책임이 끝나는 것이 아니다. 그 가족까지 생각해 400명의 행복을 책임지고 있다는 뜨거운 주인의식을 가져야 한다.

경기가 나쁘다고 100만 번 한탄한들 실적이 개선되지 않는다

"100년에 한 번 생기는 거품이다." "국제 경기가 나쁘다." "소비자가 지갑을 열지 않는다." "정부 규제가 문제다." "모회사가 자회사에 무리한 요구를 한다." "사원들이 열심히 일하지 않는다." 회사 실적이 떨어지면 이런 말을 입에 올리는 경영자가 많다.

나는 이런 말을 모두 '남 탓'으로 돌리는 말이라고 본다. 앞에서 열거한 말들이 맞을지도 모른다. 그러나 이런 말을 100만 번 되풀이한들, 생산성 향상이나 실적 개선으로 이어지지 않는다. 쓸데없는 소리일 뿐이다. 인생을 살다 보면 가끔 쓸데없는 소리를 해야 할 때도 있다. 하지만 비즈니스 세계에서는 기본적으로 쓸데없는 것을 없애는 것이 좋다. 남을 탓하는 말은 안 하는 것이 좋다.

남을 탓하기 전에 따져봐야 할 것이 있으니 바로 '자기 책임' 이다. '자기 책임' 이란, 문제가 생겼을 때 다른 사람 탓으로 돌리기 전에 "내가 무엇을 할 수 있을까? 무엇을 해야 할까?"를 먼저 생각하는 것이다.

비록 최고 수장은 그런 생각을 하고 있다 하더라도, 사원들이 똑같이 그런 생각을 하고 있다는 보장은 없다. 바로 여기에 '자기 책임' 의 어려움이 있다. 경영자는 이 어려움을 잘 이해하고 깨달아야 한다.

나도 그런 경험이 있다. 어떤 회사에 사장으로 취임했을 때, 예닐곱 명의 여성들로 구성된 그룹을 2개 만들어서, 어떻게 하면 여성들이 더욱 활발하게 일하는 회사를 만들 수 있을지 토의하라고 부탁했다. 2개월이 지나 결과를 발표하는 날이 되었는데, 나는 발표를 듣고 거의 기절할 뻔했다.

왜냐하면 처음부터 끝까지 '남의 탓' 을 하고 있었기 때문이다. "남성 상사가 여성 다루는 법을 모른다." "여성은 아무리 열심히 해도 관리직 윗자리에 올라갈 수 없다." "입사 전에는 남녀평등이라고 들었는데, 막상 들어와 보니 커피 심부름이나 복사 심부름 같은 일이 많다." "교육받을 기회도 남성에 비해 3분의 1밖에 안 된다." 대충 이런 내용이었다.

회사에 새 바람을 불러일으킨 '자기 책임' 캠페인

어떻게 하면 자신들이 회사를 위해 쓸모 있는 인재가 될 수 있을지에 대한 긍정적인 제안은 거의 없었다. 온통 '나쁜 회사'와 '나쁜 상사'의 퍼레이드였다. 나는 그 순간, 기본적으로 사풍과 기업 문화에 문제가 있다고 느꼈다.

그리하여 '자기 책임' 캠페인을 실시하게 되었다. 사원 총회, 회의, 사전 모임 등 모든 자리에서 '자기 책임'이라는 말을 사용하기 시작했다. 조금 지나자 이 말이 사내에 널리 퍼지게 되었다.

특히 임원들에게는 '자기 책임' 위주로 대응할 것을 당부했다. 예를 들면 이런 것이다. 어떤 문제로 고민하는 부하 직원이 임원실로 들어와 하소연을 늘어놓으면, 임원이 이렇게 대응하는 것이다.

"문제점이 뭔지는 알겠네. 물어보고 싶은 것이 있는데, 자네는 이 문제를 해결하기 위해서 지금까지 무슨 생각을 했고 어떤 행동을 했나? 앞으로 무엇을 생각하고 어떤 행동을 할 생각인가?"

부하 직원을 우선 자기 책임의 코너로 몰아넣는 것이다. 이렇게 되면 부하 직원도 생각이 바뀌게 된다. "상사한테 문제점을 가지고 가 봐야 바로 답을 제시해주는 것도 아니다. 내가 먼저 해결책을 찾아본 다음에 그걸 들고 가지 않으면 의논할 수 없다." 이렇게 되는 것이다. 자기 자신이 자기 머리로 좀 더 생각해봐야 한다는 것을 깨닫는 사원이 점점 늘어나는 것이다.

'자기 책임 캠페인'은 회사 분위기를 크게 바꾸어놓았다. 자기 책임의 바람이 불기 시작한 것이다.

책임 전가는 성장할 수 있는 기회를 스스로 부정하는 짓이다. 모쪼록 회사 내부에서 경영자부터 스스로 자기 책임의 바람을 불러 일으키기 바란다.

바쁜 사장을 위한
시간 관리 노하우

급변하는 환경에 얼마나 민첩하게 대응하고 있는가

스피드 경영이란 말이 지금도 표어처럼 쓰인다. "경영에 속도가 필요하다는 건 당연한 말 아닌가? 이제 와서 뭘 새삼스럽게?"라고 의이해하는 사람도 있을 것이다.

여기서는 조금 다른 시각에서 속도를 살펴보고자 한다. 속도에는 두 가지가 있기 때문이다.

한 가지는 어떤 의사결정이 이루어진 다음에 그것을 현장에서 실시하는 '실행의 속도'이다. 영어로 말하자면 '스피드(speed)'가 된다.

이에 반해 두 번째 속도는 변화에 재빨리 대응하는 민첩성 또는 기민한 처신이다. 영어로 말하자면 '어질러티(agility)'가 된다.

어디까지나 전체적으로 봐서 그렇다는 말인데, 일본 회사와 미국 회사를 비교해보자면 '속도'에 관해서는 일본 기업 쪽 손을 들어주어야 할 것 같다. 무엇인가를 결정할 때까지는 시간이 걸리지만, 일단 결정한 것을 실행에 옮기는 속도는 미국 대기업에 비해 빠르고, 대부분 수준도 뛰어나다. 그런데 변화에 대한 '어질리티' 측면에서는 미국 기업 쪽이 압도적으로 뛰어난 것 같다.

경영 환경이 크게 바뀌고 있는 와중에 기업이 아무것도 변하지 않는다는 것은 상당한 리스크에 해당한다. 경영 환경이 엄청나게 바삐 변화하는 시대에 접어들었다. 소비자의 기호가 변하고, 유통 제도도 변했다. 업계를 불문하고 일상적으로 기업 간 인수합병이 일어나고 있고, 은행들도 수시로 처지가 바뀌고 있다. 몇 년 전에 도대체 누가 이런 변화를 예측할 수 있었겠는가?

지금 거시적인 경영 환경은 눈이 핑핑 돌 정도로 빠르게 변하고 있다. 스피드도 물론 중요하지만, 이럴 때 경영자에게 더욱 필요한 것이 어질리티이다. 과거에 하던 일을 똑같이 하고 있다가는, 큰 성과를 얻을 수 없는 정도가 아니라 시대에 뒤처져 침몰할 가능성도 있다. 급격한 변화의 시대에는 급격히 변해야 한다. 이런 말도 있다.

"가장 큰 리스크는 리스크를 무릅쓰지 않는 것이다."

급변하고 있는 험한 경영 환경에서도 비약적으로 발전하고 있는 기업이 있다. 이런 기업을 보면, 수장의 주도 아래 혁신적인 변화에 매진하고 있다는 것을 알 수 있다. "무엇을 새로 시작할 것인가?" 하는 것은 더 말할 것도 없고, "무엇을 하지 않을 것인가? 무엇을 그만둘 것인가?"에 대해서도 과감한 결단을 내리고 있는 것이다.

늘 바쁘다는 것은 우선순위를 정할 줄 모른다는 것

입만 열면 바쁘다면서 노상 쫓기며 사는 경영자가 있다. 경영자가 바쁜 것은 당연한 일이다. 이 책에서 지금까지 이야기한 것만 실천에 옮기려 해도 '해야 할 일 리스트'의 분량이 꽤 될 것이다. 그뿐인가? 일손이 부족하니 아르바이트라도 투입시켜 달라, 시스템이 노후화되었으니 새로운 것으로 교체해 달라 등등, 회사 내부에서는 소소한 주문 사항과 불평의 목소리가 매일 매일 올라온다. 시간이 나면 나는 대로 업무에 속속 뺏길 뿐이다.

다행스럽게도 누구에게나 하루는 24시간이다. 공평하게 주어져 있는 이 제한된 시간을 어떻게 하면 효율적으로 활용할 것인가? 경영자에게는 이것이 승부를 가르는 갈림길이다.

바쁘다는 말이 입버릇이 되어 버린 데는 크게 두 가지 이유가 있을 수 있다. 한 가지는 우선순위가 매겨져 있지 않다는 것이다. "이것도 하고 싶고 저것도 하고 싶다." 또는 "이것을 포기하는 게 좋을 것 같긴 한데, 그러다 나중에 후회하면 어떡하나?" 하는 생각에 선택 사항을 좁히지 못하고 있는 것이다.

또 한 가지, '부하 직원에게 맡기기'가 안 되는 경우인데, 이에 대해서는 제5장에서 주요 주제로 다룰 것이다. 여기서는 먼저 우선순위를 매기는 방법에 대해서 이야기하기로 하자.

'중요도'와 '긴급도'의 행렬을 만든다

경영자는 항상 머릿속에 우선순위가 매겨져 있어야 한다. 우선순위를 생각한 다음에 잊지 말아야 할 것은 "무엇을 할 것인가?"를 결정하기 전에 "무엇을 하지 않을 것인가?"를 결정하는 것이다. 무엇을 버리는 데는 무엇을 하려고 할 때보다 몇 배 더 큰 용기가 필요하다. 그러나 버리는 용기를 내지 않으면 '모든 것을 쫓다가 모든 것을 잃어버리는' 사태를 맞이할 수도 있다.

우선순위를 정하는 좋은 방법은 무엇일까? 내가 제안하는 방법은 이렇다. 중요도와 긴급도를 각각 세로축과 가로축으로 해서 행렬을 만든다(도표 4-1). 어떤 일이 닥치면 머릿속으로 내용을 정리해 이 행렬에 대입하고 우선순위를 결정하면 된다.

가장 중요한 일은 긴급도도 높고 중요도도 높은 구역에 해당한다(도표의 오른쪽 위). 3억 원짜리 일이 있는데 납기까지 앞으로 10일밖에 남지 않았다면, 만사를 제쳐놓고 이 일을 해야 한다.

한편, 중요하기는 하지만 긴급도는 그리 높지 않은 업무도 꽤 많다(도표의 왼쪽 위). 예를 들어 "우리 회사의 경영 이념을 만든다." 또는 "사원 교육을 실시한다."와 같은 과제는 이번 주 안에 반드시 해야 하는 일은 아니다. 오히려 충분히 시간을 두고 실행에 옮겨야 하

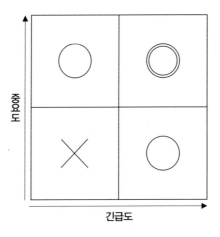

| 도표 4-1 | 중요도와 긴급도 행렬

중요도

긴급도

는 일에 속한다.

이차 술자리에 가지 않고 골프도 그만두다

중요도는 낮지만 긴급도가 높은 업무도 있다(도표의 오른쪽 아래). 회사 입구 안내 데스크에서 "거래처 사장님이 오셨습니다."라는 전화가 왔을 때와 같은 경우다. 미리 약속한 방문이 아니면 용건도 중요도도 알 수 없다. 그저 근처에 왔다가 잠깐 들른 것일 수도 있고, 뭔가 심각한 문제가 발생해서 왔을 수도 있다. 그러나 이미 안내 데스크에 와 있다면 그냥 돌아가라고 할 수도 없는 노릇이니 바로 받아들일 수밖에 없다.

마지막으로 중요도도 낮고 긴급도도 낮은 일이 있다(도표의 왼쪽 아래). 이 구역에 분류된 업무는 미련 없이 정리하면 된다.

내 얘기를 하자면, 경영자 자리에 취임했을 때 곧바로 정리해버린 것이 두 가지 있다. 하나는 이차 술자리이다. 술잔을 주거니 받거니 하면서 친분을 나누는 것도 나름대로 중요하지만, 일차 때 친밀한 시간을 가진다면 이차의 한계효용은 그다지 높지 않다. 나는 그렇게 해서 꽤 많은 시간을 확보할 수 있었다.

또 한 가지는 사람에 따라서 의견이 다를 소지가 있는데, 나는 중요도와 긴급도를 생각해 골프를 그만두었다. 인간관계를 만들고 유지하는 데 골프가 중요하다고 생각하는 사람도 있을 것이다. 그러나 나는 그렇게 생각하지 않았다. 오히려 골프를 하면 하루 종일 시간을 잡아먹는데, 그 시간이 너무 아까웠다. 그래서 테니스나 피트니스센터를 이용하는 쪽으로 방향을 바꾸었다.

어떤 일이 행렬의 어느 쪽에 해당할 것인지는, 회사나 경영자가 놓여 있는 상황에 따라서 다르다. 기본적으로는 "이 일을 그만두었을 때, 회사 실적에 어느 정도 영향이 있을 것인가?"를 기준으로 판단하면 알기 쉽다. 그만두자마자 회사 사정이 기울어질 정도의 일이라면, 도표의 오른쪽 위에 들어가야 할 일이라는 뜻이다. 반면에 나에게 골프는 왼쪽 아래에 들어가야 할 일이었다. 골프웨어 바짓단을 걷어 올리고 연못에 퐁당 빠진 마이볼을 찾아내는 용감한 내 모습이 골프장에서 사라진다고 해서 아쉬워할 사람은 캐디 정도일 뿐 회사로서는 아무 상관없는 일이었기 때문이다.

이 행렬을 잘만 사용하면 사장의 시간이 20~30퍼센트 정도 남는다. 나는 실제로 남는 시간을 우선순위가 높은 업무에 유용하게 쓸 수 있었다. 또 하나, 시간 사용을 잘 하느냐 못 하느냐 하는 것은 업무를 보는 책상에도 바로 나타난다고 생각한다. 우선순위를 잘 매기는 사람은 정리할 일이 있으면 그때그때 정리하고 버릴 것을 바로바로 버리고 맡길 일은 척척 맡겨서, 책상 위에 불필요한 것이 없다.

반드시 사수해야 할 시간은 '예약' 해둔다

내가 현역 사장 시절에 늘 지키고자 노력했던 시간 배분법을 소개하면 다음과 같다.

첫째, '자신의 시간'을 확보한다. 그 안에는 다음과 같은 항목이 포함되어 있다.

- 책을 읽는다(하루에 최소한 1시간).
- 주말 또는 평일 업무 후에 운동을 한다(일주일에 최소한 2회).
- 경영자 모임이나 세미나에 얼굴을 내밀고 충전의 기회로 삼는다(한 달에 최소한 2회).
- 개인적인 해외여행을 한다(1년에 최소한 1회).

이 내용은 모두 경영자로서 나 자신의 시장가치와 지속 가능성을 조금이라도 높이기 위한 것으로서, 웬만한 일이 아니면 절대로 양보하지 않는 '예약된 시간'이다.

둘째, 우리 회사의 지속 가능성을 확보한 다음 그 밖에 별로 중요하지 않은 사항을 과감하게 정리한다. 앞에서 이야기한 행렬에 적용해서 '하고 싶은 것'을 버리고 '해야 할 것'에 집중하는 것이다. 이때 연간, 사분기, 월간, 주간, 하루 단위로 경영과 관련된 주요 항목과 우선순위를 결정한다.

나는 이처럼 예약 시간을 '사수'한 다음 업무의 우선순위와 거기에 충당해야 할 시간을 배분하는 습관을 실천했다. 그 덕분에 밤 9시나 10시까지 잔업을 하는 경우가 거의 없었다. 내가 시간에 관해 이런 사고방식을 갖게 된 데는 마음속에 어떤 말 한마디가 늘 자리 잡고 있었기 때문이다. 존슨앤드존슨 시절에 만난 어느 존경스러운 영국인 선배가 해준 말이다. "만성적인 잔업은 무능력의 증거이자 악덕이다."

전략에 우선순위를 매김으로써 적자 탈출에 성공하다

경영자가 전략을 생각할 때도 우선순위를 결정해야 한다. 나 자신의 예를 들어보겠다.

축하 카드를 전문적으로 만들어 판매하는 미국 회사의 일본 법인 사장으로 취임했을 때의 일이다. 내가 경영을 맡기 전, 이 회사는 10여 년에 걸쳐 적자가 누적되어 온 상태였다. 전임 사장의 퇴임과 함께 핀치히터(pinch hitter, 대역)로 불려온 셈이었다.

나는 취임하자마자 곧바로 그 업계에 관해 연구하고, 사원 한 사람 한 사람과 대화하는 자리를 만드는 한편, 주요 거래처를 차례로 방문했다. 그리고 지금 곤경에 빠져 있는 이 회사를 흑자로 돌아서게 하려면 무엇을 해야 하는지 찾아다녔다.

이때 가장 먼저 행한 것이 전략의 우선순위를 정하는 것이었다. 해야 할 일은 여러 가지가 있었다. 그러나 전부 쫓다가 전부 잃어버릴 수도 있는 상황에서, 한꺼번에 전부 손댈 수는 없었다. 나는 그중에서도 가급적 빨리 착수해야 할 일로 범위를 좁혀 전략을 세웠다. 그리고 신년 초 사원 총회에서 전체 사원들에게 이렇게 부탁했다.

"올해 1년 동안 여러분이 해주었으면 하는 것이 다음 세 가지입니다. 당분간 이 세 가지 이외에는 생각하지 말아주기 바랍니다."

사원들에게 이야기한 세 가지란 '어머나!', '비용', '유통'이었다. 첫 번째는 고객들이 "어머나!" 하고 감탄할 정도로 좋은 품질의 상품을 만드는 것, 두 번째는 품질은 낮추지 않으면서 비용을 목표 기준까지 낮추는 것, 세 번째는 우리 회사 카드를 취급하는 점포 수를 늘리는 것이었다.

이 세 가지에만 전념해줄 것을 부탁한 결과, 내내 적자를 면치 못하던 회사가 놀랍게도 1년 만에 흑자로 돌아섰다. 전략의 선택과 집중을 확실히 하자 사원들이 해야 할 일이 명확해졌고, 딱 세 가지에 집중해서 매진한 결과 흑자 전환이라는 놀라운 열매를 맺은 것이다.

고객의 우선순위를 정할 때 주의해야 할 것

앞에서도 잠깐 다루었지만, 나는 고객에게도 우선순위를 매겨야 한다고 생각한다. 새삼스럽게 파레토의 법칙을 들먹일 것도 없이, 매상의 80퍼센트가 전체 고객의 약 20퍼센트에서 발생하기 때문이다.

내가 사장으로 일하고 있을 당시 존슨앤드존슨에서도 매상의 80퍼센트는 전국 약 150개 대리점 가운데 약 30개에서 올리고 있었다. 반면에 하위 20퍼센트 대리점은 기여도가 3퍼센트 정도에 지나지 않았다. 단순화하면, 하위 20퍼센트 대리점은 정리하고 상위 20퍼센트에 집중하는 것이 이치에 맞는다는 이야기다.

그러나 이때 주의해야 할 것이 있다. 그때그때 어떤 사정이 있어서 상위 30퍼센트에 들어가지 못한 경우가 있을 수 있기 때문이다. 전임 담당자와 대리점 경영자가 서로 마음이 안 맞아 충분히 제 능력을 발휘하지 못했을 수도 있고, 우리 회사가 저력이 있는 고객을 알아보지 못하고 있을 가능성도 있다. 그중에는 비록 지금은 규모가 작지만 장차 적극적으로 점포를 확장할 계획을 세우고 있는 고객, 또 당장 보이지는 않아도 앞으로 크게 성장할 가능성이 있는 고객도 있을 수 있다.

이런 경우는 우선 고객 명단에 포함시켜야 한다. 융통성 없이 현재 눈에 보이는 숫자에만 매달려 우선순위를 매기다가는 본질을 놓칠 수 있다. 단기적인 것뿐 아니라 장기적인 관점도 필요한 것이다.

인정 사정을 어디까지 봐주어야 할까

또 하나, 과감한 결단을 방해하는 커다란 장벽이 있으니 바로 '인정'이다.

비즈니스 인생의 대부분을 외자계 회사에서 보내고 지금은 일본 기업에서 경영자문을 맡고 있는 내 감각에 비추어볼 때, 서구형 기업과 일본형 기업의 사고 차이는 다음과 같이 나타난다(도표 4-2).

서구형, 특히 미국형 사고 방식을 보면, 가운데에 '논리'와 '숫자'가 크게 자리 잡고 있고 그 주변을 '인정'과 '의리'가 얇게 감싸고 있다. 논리와 숫자만으로는 너무 빡빡하고 딱딱해서 마찰이 생기므로 약간의 완충재로서 인정과 의리가 거들고 있는 모양새라고 할 수 있다.

이에 반해 일본형 기업, 특히 중소기업의 경우에는 가운데에 '의

| 도표 4-2 | **문화적 배경이 다른 데서 오는 사고방식의 차이**

서구형 사고   일본형 사고

논리 · 숫자   의리 · 인정

의리 · 인정   논리 · 숫자

리'와 '인정'이 있고 그 주변을 약간의 '논리'와 '숫자'가 감싸고 있다. 채산성을 따져보면 다른 거래처에 발주해야 마땅한데도, "거기랑은 벌써 30년이나 거래해 온 처지라서……." 하며 인정에 휘둘린다. 이런 장면은 일본 기업 곳곳에서 찾아볼 수 있다. 인정이 스피드나 어질리티의 발목을 붙잡는 경우가 많다는 이야기다.

깜짝 놀랄 만한 결단을 내리는 경영자를 보면, 외국 생활 경험이 풍부하거나 주력 사업이 아닌 부문 출신이어서 비교적 인정에서 자유로운 사람이 많다.

예를 들어 어떤 회사에 사장으로 취임했다고 해보자. 장래의 성장성이나 수익성을 생각하면, 현재 200여 개에 이르는 관련 기업이나 자회사 가운데 적어도 50개는 정리를 하든지 매각을 하든지 해야 하는 상황이다. 그런데 자회사를 하나하나 조사해보니 옛날 선배들이 사장을 하고 있다. 이렇게 되면 슬슬 문제가 생기기 시작한다. 점점 논리의 칼이 무뎌지고 감정이 앞서면서 과감하게 정리하지 못하고 만다. 감정이 이성을 압도한다고 하겠다.

전략적으로 중요한 대수술을 해야 할 때 인정의 눈을 얼마나 질끈 감을 수 있을 것인가? 이것이 경영자가 해결해야 할 커다란 과제이다. 중소기업에서 세대 교체가 이루어지고 새로운 사장 체제가 꾸려져 새로운 계획을 펼치고자 할 때도 그렇다. 선대 사장의 직속 부하나 선배 사원에게 반기를 들지 못해서 올바른 의사결정을 하지 못하는 2대 경영자가 많다.

"과거에 하던 일과 똑같은 일만 계속하면, 과거에 얻은 것과 똑같은 것밖에 얻을 수 없다."라는 말이 있다. 어려운 시절을 살아남아야 할 때, 더 나아가 살아남아 이겨야 할 때, 불필요한 인정에 휘둘리는 것은 지극히 위험하다. 경영의 발목을 붙잡히는 격이다. 경영자는 자신이 신뢰하는 젊은 부하 직원을 끌어들이고, 공평한 시각에서 의견을 제시하는 사람의 말에 귀를 기울여야 한다. 그리고 상대방이 납득할 때까지 비전과 전략을 이야기하고, 정열과 이론을 바탕으로 의사소통에 힘을 쓰는 등 다각도로 노력을 기울여야 한다.

지식을 뛰어넘는 '담식'이 필요하다

경영자가 터득해야 할 세 가지 '식(識)'

경영자는 무한한 책임감을 가져야 한다. 매일같이 밤 12시까지 열심히 일하면서도 좋은 성과를 내지 못하는 경영자는 한 푼어치 가치도 없다. 회사란 성과가 끊임없이 축적됨으로써 성장하는 것이기 때문이다.

　그러면 좋은 결과를 이끌어내는 경영자와 그렇지 못한 경영자는 무엇이 다를까? 세 가지 '식'을 키워드로 생각해보기로 하자.

지식

　그저 많은 정보나 데이터를 가지고 있는 사람을 두고 "지식이 있다."라고 말한다. 이런 사람은 책, 신문, 인터넷, 텔레비전 등에서 얻은 정보를 머리에 가득 담아 두고 있다. 쉽게 말하면 '만물박사'로서, 여럿이 모여 이야기를 나눌 때도 술술 막힘이 없다.

그런데 지식의 저장고를 깊이 파고 넓히려고 애쓰지 않는다. 사람을 만나 이야기를 듣고, 매일 책을 읽고 신문과 잡지를 보며, 인터넷으로 해외 정보도 가장 먼저 접한다. 이렇게 해서 많은 자료를 자신의 머릿속에 쌓아두기만 할 뿐이다.

그러나 지금은 인터넷으로 검색하면 회사의 결산 정보까지도 무료로 입수할 수 있는 시대이다. 그저 자료로서 지식을 담아두기만 하는 것으로는 뭔가 부족하다.

견식(見識)

지식에다 "나는 이렇게 생각한다."라고 하는 자기 나름의 생각이 추가된 것이 '견식'이다. 지식에 견주어 지혜라고 불러도 좋을 것이다.

지식 + 자신의 생각 = 견식

'견식이 있는 사람'은 어떤 것을 알고만 있는 것이 아니라 거기에 '자신의 생각'이라는 부가가치를 추가하는 사람이다. 직업으로 보자면 평론가나 비평가, 학자 들이 여기에 속한다고 하겠다.

담식

이 세상에는 '지식인'이나 '견식 있는 사람'을 받아주는 곳이 여기저기 많지만, 경영자의 입장이 되면 이야기가 또 달라진다. 조직의 수장으로서 성과책임을 짊어지고 사람들을 이끌어 가려면, 지식이나 견식을 한 단계 뛰어넘는 '담식'이 필요하다.

담식이란 무엇인가? 자세한 설명으로 들어가기 전에 우선 도표 4-3을 보기 바란다.

정보나 데이터가 충분히 갖추어져 있고, 복수의 선택지가 있어서 단지 그중에서 어느 것을 선택할지를 결정하면 되는 것을 '결정'이라고 한다(도표의 오른쪽 아래). 또 결정한 것을 행동으로 옮기는 것이 '실행'이다(도표의 오른쪽 위).

| 도표 4-3 | 행동과 정보량의 행렬

이에 반해서 판단의 자료가 되는 정보가 부족한 가운데 급히 의사결정을 내려야 하는 것을 '결단'이라고 한다(도표의 왼쪽 아래). 그리고 호랑이 굴에 뛰어드는 각오로 결단을 행동으로 옮기는 것이 '단행'이다(도표의 왼쪽 위).

여기서 주목해야 할 것이 정보량의 많고 적음이다. 필요한 정보가 충분히 갖추어져 있다는 것은 "계산이 쉽게 나오고 실패할 리스크가 작다."는 것을 의미한다. 다시 말해서 '결정'과 '실행'이 '로우 리스크'라면, '결단'과 '단행'은 '하이 리스크'라는 말이다.

이 점을 염두에 두고, 다음의 '담식 방정식'을 보기 바란다.

견식(지식 + 자신의 생각) + 결단력 + 단행력 = 담식

어떤 것을 잘 알고(지식), 그것에 자신의 생각을 추가하며(견식), 리스크를 두려워하지 않고 '결단'하고, 그 결단을 '단행'에 옮길 수 있는 능력, 이것이 양명학에서 말하는 담식이다. 미국인들이 흔히 하는 말에 "Analysis, Paralysis."라는 말이 있다. 정보를 모을 수 있는 데까지 모아서 분석(Analysis)하느라 우물거리는 사이에, 기업은 정체된 채 마비 상태(Paralysis)에 빠져 버린다는 말이다.

비즈니스 세계에서는 '시간이 돈'

사장이라는 직함을 걸고 약 20년 동안 일한 경험을 돌이켜볼 때,

곰곰이 생각하게 되는 부분이 있다. 중대한 의사결정을 할 때도, 끝까지 충분히 정보를 모은 다음에 의사결정을 한 기억이 단 한 번도 없다는 사실이다. 신상품을 개발한다거나 조직 개혁을 실시한다거나 전략을 대폭 수정한다거나 하는 중요한 업무를 붙들고 씨름할 때도 있었지만, 언제 어떤 경우에도 정보는 부족한 상태였다.

그렇다고 해서 정보 수집이 완료되기를 기다리며 우물거리다가는 비즈니스라는 이름의 버스를 놓치고 만다. 버스에 올라탈 수 있는 가능성이 높을 때, 어느 정도의 리스크를 각오한 다음 결정을 내리는 것이 때로는 필요하다.

미국 독립에 커다란 공헌을 한 정치가 벤저민 프랭클린은 "Time is money."(시간은 돈이다.)라는 유명한 말을 남겼다. 경영자에게는 "Timing is money."(타이밍이 돈이다.)라는 것을 명심해야 한다.

단지 숫자만 가지고 이야기하자면, 100이라는 숫자가 80보다 크다는 것은 누구나 알고 있다. 그러나 비즈니스 세계에서는 '내일의 100보다 오늘의 80이 더 큰(가치가 있는)' 경우가 왕왕 있다.

예를 들면 일본에서는 코카콜라가 펩시콜라에 비해 압도적인 시장 점유율을 유지하고 있다. 그 이유 중 하나가 "코카콜라의 시장 진입이 펩시콜라보다 빨랐다."라는 점이다.

가장 먼저 행동을 취한 자가 우위에 서는 것을 비즈니스 세계에서는 '선행자 이익' 또는 '창업자 이득'이라고 부른다. 정보 수집에 세월을 보내면서 우물쭈물 결단을 미루다가는 자기도 모르는 사이에 경쟁업체에 창업자 이익을 뺏길 수도 있다. 뿐만 아니라 이로 인해 돌이킬 수 없는 결과를 낳을 가능성도 있다.

예를 들어 100 중에 20이 아직 불확실하더라도, 그 모자라는 20 때문에 '판단이 잘못되거나 실패하는 것'을 두려워해서는 경영자로서 제 업무를 수행할 수 없다. 모자라는 20은 자신의 과거 경험이나 타인의 의견과 조언을 바탕으로 채워 가면서 종합적으로 결론을 내려야 한다. 요컨대, 100점 만점의 '내일의 완벽주의'보다 경험이나 타인의 조언을 자기 것으로 해서 만들어낸 '오늘의 80점'이 더 중요하다는 이야기다.

더 나아가 '결단'에 그치지 말고 '단행'을 해야 한다. 왜냐하면 수장이 책임을 지고 있는 '결과'란 리스크를 안고서 단행한 끝에 만날 수 있는 것이기 때문이다.

나는 판단과 결단과 단행을 '담식을 움직이는 3단'이라고 부른다. 여러분이 좋은 경영자가 되기를 원한다면 3단이 가능한 사람, 즉 '담식이 있는 사람'이 되어야 한다. 경영자는 평론가가 아니다.

돌발적인 리스크를 피하는 두 가지 방법

돌발적인 리스크를 떠안지 않으려면 리스크를 피하는 방법을 알아야 한다. 올바른 리스크 처리법으로 다음 두 가지를 들 수 있다.

① 자신과 성격이 반대인 인물을 가까이 둔다

만약 성격이 대범한 편에 속하는 사람이라면, 사전 리스크를 잘 계산하지 못하고 있을 수가 있다. "미처 거기까지 생각지 못했다." 또는 "깊이 보지 못했다." 하는 경우가 생길 수 있다. 이럴 때는 주변에 논리적 사고가 강한 신중파 인재를 두는 것이 좋다.

반대로 자기 자신을 신중파라고 생각하는 사람이라면, 진취적인 아이디어맨으로서 무엇이든 도전해 보고 싶어 하는 인재를 가까이 하는 것이 바람직하다.

어느 쪽이 되었든 자신과 다른 유형의 인물을 가까이 둠으로써 올바른 판단을 할 수 있도록 균형을 맞추어야 한다. 실제로 그렇게 함으로써 뛰어난 경영 능력을 발휘한 인물이 적지 않다. 리스크테이킹(risk taking, 위험 감수)을 장려한 혼다 그룹의 창업자 혼다 소이치로도 관리 능력이 뛰어난 후지사와 다케오라는 존재가 있었기 때문에 과감하게 앞으로 나아갈 수가 있었다. 또한 소니 창업자인 모리타 아키오와 이부카 마사루 콤비 역시 완벽한 조화를 보여준 사례로 꼽을 수 있다.

② 철수 계획을 세워 놓는다

철수 계획에 관한 것은 이미 앞에서 다루었으므로 다시 언급하지는 않겠다. 물러설 때의 기준을 미리 설정해두는 것은 돌발적인 리스크가 닥쳤을 경우에도 장점으로 작용한다.

지속해야 할 때와
포기해야 할 때

경영자가 포기해야 하는 네 가지 상황

마쓰시타 고노스케가 남긴 말 중에 이런 말이 있다.

"장사를 할 때, 절대로 실패하지 않는 방법이 있다. 성공할 때까지 그만두지 않는 것이다."

많은 사람들이 "과연, 참으로 의미심장한 말이다." 하며 고개를 끄덕인다. 포기하지 않는 마음, 계속해서 끈질기게 노력하는 힘이야말로 경영자에게 필수라는 것은 틀림없는 사실이다.

그러나 그 유명한 '경영의 신'도 사실은 사업을 포기한 적이 있다. 파나소닉은 한때 컴퓨터 사업에서 철수한 적이 있다. 포기하지 말아야 한다고 역설한 유명한 경영자가 포기를 한 것이다. 그것만이 아니다. 소니는 폴라로이드 카메라에서 발을 빼고, 계산기에서도 손을 뗐다. 샤프는 반도체를 버리고, 액정 텔레비전 패널 사업에 경영 자원을 집중했다. 일본 택배 업계 1위 기업 야마토 운수가 '앞으로 사업을 전개하는 데 족쇄가 될 것'이라며 당시 최대 거래처였던 대형 백화점과 관계를 끊은 일화도 유명하다.

쉽게 포기하는 것은 금물이지만, 상황에 따라서는 대담하게 포기해야 할 때도 있다는 말이다. 그렇다면 '포기해야 할 때'란 어떤 경우일까? 나는 네 가지 경우가 있다고 본다.

① 철수 계획을 실행해야 하는 기준점에 도달했을 때

앞에서 전략을 수립할 때는 철수 계획도 함께 세워 놓는 것이 중요하다는 이야기를 했다. 일이 생각대로 잘 진행되지 않을 때 철수 계획이 있으면, 감정에 좌우될 일도 없고 결단이 무디어질 일도 없다. 심리적으로 불안하게 쫓길 것 없이, 사전에 설정해 놓은 객관적인 기준을 바탕으로 조용히 행동에 옮기면 된다.

② 실행에 옮기기에 충분한 경영 자원이 없을 때

사업 계획을 빈틈없이 잘 세웠다 해도, 막상 시작하고 나서야 알게 되는 것들이 있다. 예를 들면, 우리 회사에는 이 사업을 끝까지 해낼 수 있을 만큼 인재가 충분하지 않다거나 다른 경영 자원이 부족하다는 것을 깨닫게 되는 것이다. 이대로는 목표 달성이 어렵겠다는 생각을 경영자뿐만 아니라 사원들까지 똑같이 하고 있다면,

그 일은 깨끗이 포기하는 것이 좋다.

③ 거시적인 경제 환경이 크게 변했을 때

비즈니스 환경이 변하리라는 것은 당연히 처음부터 예상하고 들어가는 것이지만, 그 변화의 폭이 예측 범위를 훨씬 뛰어넘을 정도로 큰 경우가 있다. 이럴 때는 크든 작든 부득이 철수할 수밖에 없다. 100년에 한 번 오는 불황 같은 것이 그 예이다.

④ 법 제도나 업계의 판도가 바뀌었을 때

규제 완화에 따라 경쟁업체가 차례차례 진입해 들어와 시장의 경쟁이 격화되었다고 하자. 게다가 경쟁업체가 혁신적인 기술 개발에 성공하는 바람에 우리 회사의 기술이 뒤처지게 되었다고 하자. 이처럼 업계 지도가 크게 뒤바뀌는 일이 벌어진 경우, 무리하면서 사업을 계속하는 것은 리스크가 크다. 업계의 질서가 무너지는 상황은, 신참에게는 좋은 기회가 되지만 기존 기업에게는 커다란 위협이 되는 것이다.

성장하는 회사의 공통점

당연한 말이지만 포기라는 것은 아주 예외적인 조치라는 것을 반드시 명심해야 한다. 기본적으로 포기해서는 안 된다. 예를 들어 어깨뼈가 빠졌다고 하자. 정형외과에 가서 원래 상태로 뼈를 맞추면 된다. 그러나 한 번 빠진 어깨는 다시 빠지기가 쉽다. 습관화가 될 가능성이 있는 것이다. '포기'라는 것도 마찬가지다. 안이하게 생각하다가는 어느새 상습적으로 포기하는 습관이 붙어버릴 수도 있다.

여기서 내가 강조하고 싶은 것이 '꾸준히 착실하게'라는 말이다. 자기 자신을 이기고 경쟁업체를 이길 수 있는 방법이 바로 '꾸준히 착실하게 노력하는' 데 있기 때문이다.

경영자를 대상으로 하는 강연회나 모임 같은 데서 경영의 원리원칙에 대해 이야기할 때, 가끔 이런 의견을 내놓는 인사가 있다.

"말씀하신 것은 잘 알겠습니다. 그런데 막상 실행하려고 하면 참 쉽지가 않아요."

이럴 때 나는 이렇게 대응한다.

"실행하는 것이 어렵다는 말씀은 잘 알겠습니다. 그런데 전국적으로 회사가 250만 개가 있다고 하는데, 누구나 금방 이해할 수 있고 누구나 바로 실행할 수 있는 것을 실천에 옮겨서 비약적으로 성장한 회사가 그중에 단 하나라도 있습니까? 있다면 가르쳐 주십시오."

성장하는 회사나 성장하는 사람은 어려워 보이는 일이어도 결실을 맺을 때까지 포기하지 않는다. "어려울 것 같으니까 하지 않는다."가 아니라 "어려울 것 같으니까 해볼 만한 가치가 있다."라는 쪽으로 생각을 전환하는 것이다.

KFC의 창업자인 커넬 샌더스(Colonel Harland Sanders)는 이런

말을 남겼다.

"The easy way becomes harder, and the hard way becomes easier."(안이하게 일하다가는 나중에 고난을 맞이하게 된다. 어려운 일에 도전하면 어느 사이에 모든 일이 간단해진다.)

인생이란 타협이 필요할 때도 있다. 그러나 타협이란 나중에 하는 것이지 처음부터 하는 것이 아니다. 쉽게 포기하고 타협한다면, 작은 일은 할 수 있어도 큰일은 해낼 수 없다. 경영자란 '현실에 발을 딛고 서서 꿈을 좇는 사람' 으로서 영원한 도전자여야 한다.

평가를 통해 배우는
조직이 되려면

목표를 달성하지 못했을 때 해야 할 일

앞에서 '포기해야 하는 네 가지 상황'을 이야기했다. 이런 상황에서는 물론 손을 떼야 한다. 그런데 이때 목표를 달성하지 못했다는 사실을 직시하지 않고 '이미 지난 일'이라며 싹 잊어버린다면, 이후에 도움이 될 만한 교훈을 아무것도 얻을 수가 없다.

그러므로 목표를 달성하지 못한 '원인'을 찾아낼 필요가 있다. 나는 좋은 결과가 나오지 못한 원인은 주로 다음 일곱 가지에 있다고 본다.

① 목표 수준 자체가 너무 높았다

나중에 돌이켜보니 목표 자체가 너무 높게 설정되어 있었다는 말이 나오는 경우이다. 100밖에 할 수 없는 실력인데, 110이라는 목표를 세운 것이다. 너무 달콤한 전망을 내놓은 결과라 하겠다.

② 납득 목표가 아니어서 의욕을 불러일으키지 못했다

의사소통 부족에서 비롯된 것으로, 부하 직원이 당연히 납득했을 것이라고 생각한 목표가 담당자에게는 강제 목표에 지나지 않은 경우이다. 일반적으로 납득 목표와 강제 목표는, 반드시 해내겠다는 성취 의욕의 차이가 2.6 대 1.0의 비율로 나타난다고 한다.

상사는 납득 목표라고 생각했는데, 부하 직원에게는 강제 목표가 되는 경우가 적지 않을 것이다.

③ 방법(과정)이 잘못되었다

목표 자체는 제대로 되어 있어도 업무 과정이 잘못되면 원하는 결과가 나오기 어렵다. "올바른 과정이 올바른 결과를 이끌어낸다."라는 비즈니스 원칙을 무시한 경우이다.

④ 기업 위주의 폐쇄된 사고방식에 젖어 고객의 욕구에 충분히 귀를 기울이지 않았다

회사, 즉 상품이나 서비스를 제공하는 쪽의 논리와 사정에 따라 목표를 설정한 경우이다. 이만큼 필요하리라는 회사의 목표를 고객이 인정하지 않을 때, 재고가 발생한다. 아주 흔히 보는 실패 사레다.

⑤ 목표 달성에 대한 인센티브가 없었다

목표를 달성하면 뭐가 좋은가? 여기에 대한 장점이나 인센티브가 없었던 경우이다. 인센티브란 꼭 금전적인 것만 해당하지 않는다. 칭찬이라는 심리적인 인센티브도 있고, 승진이라는 지위 인센티브도 있다.

인간은 자신에게 손해가 되는 일은 하지 않아도 이익이 되는 일은 한다. 이익에는 금전적인 이익과 심리적인 이익이 있다. 어느 쪽이 좋다 나쁘다 하는 문제가 아니다. 어떤 것이든 간에 이익(인센티브)은 동기를 촉진하는 요인이 된다.

⑥ 철저하게 밀어붙이는 저력이 부족했다

당연한 일을 철저히 해야 한다는 뜻을 가진 '범사철저(凡事徹底)'라는 말이 있다. 그냥 하는 것과 철저히 계속하는 것은 다르다. 성장하는 회사는 실제로 지극히 평범하고 당연한 일을 '철저하게 그리고 계속해서' 하고 있다. 아무리 다듬고 또 다듬은 전략이 있다고 해도, 중요한 실행 단계에서 "한 번 해봤어요." 하는 정도로 그친다면 만족스러운 결과가 나올 턱이 없다. 우직하게, 그러면서도 현명하게, 철저히 계속해서 실행하는 것이 중요하다.

⑦ 회사 내부 또는 외부 상황에 커다란 변화가 발생했다

예를 들면, 목표를 설정하자마자 전 세계가 불황의 늪에 빠졌다거나, 급격한 환율 변동으로 외국에서 들여오던 원자재 비용이 3배 이상 뛰거나 하는 상황이 벌어질 수 있다. 목표나 전략을 수립할 때는 있을 수 있는 모든 불확실한 요소를 반드시 고려해야겠지만, 앞을 내다보는 인간의 능력에는 한계가 있다. 상상을 뛰어넘는 예측 불허의 사고를 당하면 문제를 즉시 해결하기 어려울 것이다. 내부 요인만이 아니라 외부 요인의 변화도 이익의 원천으로서 큰 영향을 미친다.

평가를 통해 배우는 조직이 되는 방법

앞에서 꼽은 일곱 가지 원인 가운데, 일곱 번째 설명에 나오는 외부 요인은 어쩔 수 없다고 칠 수도 있다. 그러나 그 외에는 모두 회사의 내부 요인이 원인이다. 근본적으로 회사가 자체적으로 노력해서 해결할 수 있는 문제를 계속 방치해두는 어리석음은 피해야 한다.

물론 다소 전망이 어긋나는 일이 항상 발생한다. 그러나 여기서 중요한 것은 전망의 불일치와 실패에서 '배우는 것'이 있어야 한다는 것이다.

앞에서 소개한 '살아 있는 전략의 11개 조건' 중에서 경영자에게 특히 강조하고 싶은 것이 있다. PDC 사이클 중에서 특히 C, 즉 '평가'를 항상 염두에 두고 있어야 한다는 것이다. 전략을 구축하는 힘을 강화하는 데도 평가가 유효하기 때문이다. 그런데 이것이 좀처럼 잘 행해지지 않고 있다. 나는 그 이유를 다음 다섯 가지로 보고 있다.

- 처음부터 경영자가 C의 중요성을 인식하지 못하고 있다.
- 인식은 하고 있는데 C를 실행하는 방법을 모른다.
- P(계획)와 D(실행)를 행하는 데 너무나 바빠서 C에 시간을 할애할 여유가 없다.
- 바람직한 결과가 나오지 않을 때 C를 행함으로써 책임 소재가 분명해지면, 회사 내부의 인화 단결이 흐트러질 염려가 있으므로 그냥 잘못을 덮어두고 손을 쓰지 않는다.
- P나 D에 비해서 C는 행하지 않아도 두드러지게 눈에 띄지 않으므로 등한시하고 있다.

C를 행하지 않고 P와 D만 열심히 하면 어떻게 될까? C를 통해 새로운 것을 배우지 않는 조직은 수준이 절대로 향상되지 않는다. 같은 자리를 빙빙 맴돌 뿐이다. 이것을 나는 '생쥐의 PDC 사이클'이라고 부른다. 이에 반해서 올바른 평가, 학습, 반성, 개선이 동반된 C에 역점을 두어 PDC 사이클을 돌린다면 '승천하는 용의 PDC 사이클'이 실현될 것이다. 즉, 매상이 오르고 이익이 증가한다. 이것이 바로 성장하는 회사의 특징이다.

나는 과장 시절부터 사장 시절에 이르기까지 1년에 4회, C만을 행하는 회의를 개최했다. 매해 신년을 시작할 때마다 간부 사원들과 미리 일정을 짜고, 그날은 C를 하는 날이라고 일정을 묶어두었다.

총 4회의 회의 시간은 다음과 같았다. 1분기에서 3분기까지의 3회는 각각 반나절(4시간)씩, 연도 말 1회는 하루 종일(8시간), 이렇게 해서 1년에 총 20시간이었다. 이렇게 하는데도 C를 하는 데 들이는 시간은 1년에 불과 20시간이다. 일본의 경우 대체로 잔업 시간을 포함해서 연간 1,700시간 정도를 일하는 것으로 통계가 나와 있는데, 20시간이면 약 1퍼센트에 지나지 않는다.

C를 위한 회의에서는, 전기(지난해)에는 어떤 점이 잘되었고 어떤 점이 제대로 안 되었는지를 놓고 평가와 학습과 반성을 한다. 참석자들은 각자 후기에는 이렇게 하는 것이 좋겠다는 개선안을 준비해 가지고 참석한다. 이런 과정이 계속해서 이어지면, 회사와 각 부문의 경영 품질이 날이 갈수록 좋아진다. 이것이 C를 통해 '배우는 조직'과 '배우지 않는 조직'의 차이이다. 이 효과가 시간이 흐르면서 막강한 효력을 발휘해, 마침내 실적 차이로 나타나게 된다.

전략과 실적의 관계를 평가한다

다음으로는 전략을 평가할 때 주의해야 할 점을 소개하겠다.

대개 '전략 덕분에 실적이 좋다'거나 '전략이 잘못되어서 실적이 안 좋다'라는 말을 많이 한다. 반드시 그렇다고는 할 수 없다.

도표 4-4와 같은 요령에 따라, 여러분 회사의 전략과 실적을 스스로 평가해보기 바란다. 우선 전략의 성과가 어떻게 나와 있는지를 보자. 도표의 예를 보면 A사는 80점, B사도 80점, C사는 50점으로 자기 평가를 했다. 80점 이상을 줄 수 있다면 우수한 회사라 할 수 있다. 반대로 40점 이하로 자신을 평가했다면 상당히 변변치 못한 상태라고 해야 할 것이다. 도산할 회사 후보로 꼽아야 할지도 모른다. 그다음은 실적이 어느 정도였는지를 살펴보자. 도표 4-4의 예를 보면, A사는 80점, B사는 50점, C사는 80점이라고 되어 있다.

A사는 전략의 수준과 실적의 내용이 서로 균형을 이루고 있는 경우이다. 실력에 상응하는 실적을 올리고 있는 회사라 하겠다. 그러면 전략은 우수한데 실적은 그에 미치지 못했다고 평가한 B사의 경우는 어떤가?

B사는 전략은 미비한 점이 없으나, 외부 환경에 겨울바람이 불어 좋은 결과를 만들어내지 못한 경우이다. 불황에는 이런 회사가 많다. 하지만 이것을 뒤집어보면, 지금의 외부 환경이 개선되어 순풍으로 바뀔 때, 50점짜리 실적이 80점짜리 전략에 걸맞은 수준으로 올라갈 수 있다는 말이 된다. 한편, C사는 전략은 허술하나 실적은 좋았다고 평가한다. 외부에서 순풍이 불어온 덕분에 고객들이 줄지어 상품을 구매해준 경우이다. C사 역시 지금 불고 있는 바람이 언젠가 차갑게 바뀐다면 이야기가 달라진다. 지금의 80점짜리

| 도표 4-4 | **전략과 실적의 관계**

	전략	실적	평가
A사	80	80	실력에 상응하고 있다.
B사	80	50	열악한 외부 환경(맞바람)에 원인이 있다.
C사	50	80	외부 환경이 좋은 덕분이다.

실적이 50점짜리 전략 수준으로 떨어질 것이라는 말과도 통하는 것이다.

이 도표를 사용해, 지금 여러분 회사의 전략과 실적이 어떤 관계에 있는지 점검해보기 바란다. 그리고 간부 사원들과 의논하면서 전략의 질을 높이는 노력을 해나가기 바란다.

'나쁜 실적 = 나쁜 전략', '좋은 실적 = 좋은 전략'이라고 쉽게 단정 지어서는 절대로 안 된다. 냉정하게 자기 평가를 하고 그 결과에 따라 다음 과정으로 넘어가야 한다.

한 가지 덧붙이고 싶은 말이 있다. "목표 수치는 높을수록 좋다." 라는 말은 틀린 말이다. 목표 수치를 5퍼센트 정도 넘기는 것은 웃으며 받아들일 수 있는 허용 범위에 들어간다. 그러나 20퍼센트 또는 30퍼센트 이상 높여 잡았다면, 결코 웃고 넘어갈 일이 아니다. 이때는 설정한 목표 자체가 처음부터 잘못된 것이 아닌지 다시 점검해봐야 한다.

매너리즘에 빠지지 않기 위해 해야 하는 것

지금까지 나는 많은 기업들의 경영에 관여해 왔는데, 그 경험을 돌이켜볼 때 안타까운 점이 있다. 대부분의 기업들이 토론의 장을 만들려는 노력을 별로 하지 않는다는 것이다. 상명하달 식으로 윗분의 목소리는 아래로 잘 내려오고 있지만, 모두가 함께 의논하는 자리는 지극히 드문 것 같다.

　토론의 장을 만드는 것, 그리하여 사원들이 각자 가지고 있는 아이디어를 끄집어내는 것, 우리 회사의 전략 내용이나 실행에 관해 질문을 던지고 개선 방안을 함께 이야기하는 것, 때로는 젊은 사람들의 의견을 듣는 자리도 마련하는 것, 이런 것이 필요하다. 여기서 멀어질 때 회사는 매너리즘에 빠지고, 지금 이대로도 좋다는 착각과 안이한 타협에 젖어든다. 조직이 점점 '무사안일주의' 라는 바이러스에 감염되는 것이다.

5장

사원 만족,
평범한 그들을 탁월하게 만드는 특별한 시스템

고객 만족이라는 임무를 맡고 있는 당사자는 사원이다. 그렇기 때문에 경영자는 '사원 만족'에 힘써야 한다. 사원 입장에서 느끼는 행복은 무엇일까? 결과가 기대되는 업무를 수행하고 고객들에게 감사의 말을 듣고, 회사나 상사에게 좋은 평가를 받고 그 결과가 더 좋은 대우로 이어지는 것, 더 나아가 우리 회사가 나아가는 방향과 미래가 눈에 보이는 것이다.

'맡기는 능력'이
회사의 성장을 좌우한다

사원의 네 가지 슬픔

고객 만족이라는 임무를 맡고 있는 당사자는 사원이다. 그렇기 때문에 경영자는 '사원 만족'에 힘써야 한다고 이미 이야기했다. 지속적인 CS(고객 만족)은 ES(사원 만족)을 전제로 한다.

여기서 만족에는 두 가지가 있다는 점을 유념해야 한다. 하나는 현재 상태를 안일하게 인정하고 타협하면서 "뭐, 이만하면 됐지." 하고 넘어가는 것이다.

이에 반해서 자신의 납득 목표를 달성했을 때 "드디어 해냈다!" 하는 쾌재의 함성을 터뜨리며 느끼는 만족이 있다. 경영자가 추구해야 할 만족이란 두말할 것도 없이 후자일 것이다.

그런데 자칫 잘못하면 회사가 사원의 귀중한 시간을 빼앗는 증오의 대상으로 비칠 수가 있다. 이쯤 되면 사원들은 "뭐, 이만하면 됐지." 하는 상태에서 손을 놓을 것이다. 그렇다면 일반적으로 사원들은 어떨 때 슬픔을 느낄까? 사원의 슬픔 네 가지를 다음에 소개한다.

① 회사가 나에게 무엇을 기대하고 있는지 모른다

근본적으로 회사나 상사가 나에게 무엇을 기대하고 있는지 알 수가 없다. 질문을 해봐도 잘 알아들을 수 없는 요령부득의 대답만 돌아온다. 이런 상황에서 사원의 의욕이 솟을 리가 없다.

② 자신이 일한 결과가 어떻게 평가받고 있는지 모른다

열과 성을 다해 맡은 일을 끝내고 결과를 보고했는데, 회사나 상사가 어떻게 평가하고 있는지 알 수가 없다. 노력과 평가의 인과관계가 보이지 않으니, 열심히 해보려던 의욕도 결국 사그라지고 만다.

③ 자신의 노력이 평가나 처우에 어떻게 반영되는지 모른다

소정의 평가는 받았지만, 그것이 자신의 처우(급료, 상여금, 승진 등)에 어떻게 반영되는지 알 수가 없다. 어떤 공헌을 했을 때 어떤 대가가 주어지고, 어떤 날림공사를 했을 때 어떤 처벌이 따르는지에 대한 규칙이 없는 것도 비즈니스맨에게는 슬픔이다.

④ 장래가 보이지 않는다

이미 이 책에서 여러 번 이야기했으니 더 설명하지 않아도 될 것이다. 사람은 '터널 끝의 빛' 이 보이지 않고 눈앞이 캄캄할 때 의욕이 나지 않는 법이다.

그러면 사원 입장에서 느끼는 행복은 무엇일까? 답은 간단하다. 이 네 가지를 거꾸로 실행하는 것이다. 결과가 기대되는 업무를 수행하고 고객들에게 감사의 말을 듣고, 회사나 상사에게 좋은 평가를 받고 그 결과가 더 좋은 대우로 이어지는 것, 더 나아가 우리 회사가 나아가는 방향과 미래가 눈에 보이는 것이다. 이것은 '회사에 좋은 것' 과 '자신에게 좋은 것' 이 서로 일치한다는 뜻이다. 지금 다루고 있는 주제인 '맡기는 능력' 과 관련이 있는 것은 첫 번째 항목이다.

경영이란 사람을 통해서 모든 것을 달성하는 기술이다

일본에는 약 250만 개의 기업이 있다고 한다. 그중 중소기업이 98퍼센트를 차지한다. 이들 중소기업은 대부분 어느 정도 규모에 이르면 성장 속도가 갑자기 멈춘다. 그리고 좀처럼 그 자리를 벗어나지 못한다.

기업이 성장을 멈추는 이유는 무엇일까? 가장 큰 이유는, 사장이 사원에게 일을 맡기지 못하기 때문이라고 생각된다. 흔히들 회사는 사장의 그릇 크기 이상으로 못 큰다는 말을 한다. 그릇 크기에는 '맡기는 능력'도 포함되어 있다.

사람은 누구나 능력에 한계가 있다. 머리도 하나고 몸도 하나다. 잠 한 숨 안 자도 하루는 24시간이 전부다. 이러한 한계를 넘어 회사를 지속적으로 성장시키려면 누군가에게 일을 맡겨야 할 필요가 생긴다. 미국에 이런 말이 있다.

"경영이란 사람을 통해서 모든 것을 달성하는 기술이며, 평범한 사람에게 평범하지 않은 일을 하게 하는 기술이다."

자기 주변에 있는 사람을 어떻게 하면 충분히 활용할 수 있을까? 바로 이것이 경영자가 풀어야 할 과제이다.

또 한 가지, 위임은 회사의 성장뿐만 아니라 사원들의 동기 유발에도 큰 영향을 미친다. 사람은 누가 일을 맡길 때 기쁨을 느낀다. 누군가가 자신을 믿고 기대하고 있다는 증거이기 때문이다. 더 나아가 사원은 그 일에 도전하는 과정에서 능력을 더 크게 키울 수 있을 뿐 아니라, 맡은 일을 완수했을 때 성취감과 기쁨을 경험하게 된다. 일을 맡기는 데는 이렇게 큰 장점이 있는 것이다.

경영자가 일을 맡기지 못하는 네 가지 이유

경영자는 왜 부하 직원에게 일을 맡기지 못하는 것일까? 다음과 같은 네 가지 이유를 생각해볼 수 있다.

① 맡기는 것이 얼마나 중요한지 모른다

맡긴다는 것이 인재 육성과 기업의 실적 향상에 얼마나 중요한 조건인지 인식하지 못하면, 권한 위양은 전혀 이루어지지 않는다. 앞에서 이야기한 피터 드러커의 말을 여기서 다시 한 번 소개하겠다. "사람을 키우는 가장 효과적인 방법은 일을 맡기는 것이다."

② 맡기는 것보다 자기가 하는 편이 더 빠르다고 생각한다

"부하 직원에게 일을 맡겨봤지만, 조마조마하고 위태로워서 보고 있자니 속이 끓는다. 그럴 바에야 내가 하는 게 훨씬 빠르겠다 싶어서 그다음부터는 맡기지 않는다." 그러다 보면 당장 닥친 일을 처리하는 데는 능률이 오르겠지만, '사람을 길러내지 못한 대가'를 영원히 치르게 될 것이다.

③ 사원을 신용하지 않는다

사실은 충분히 능력이 있는데도 "일을 맡기기에는 아직 너무 빠르다." 또는 "아직 그 정도 능력은 없을 것이다."라고 하면서 사원의 능력을 얕잡아보는 사장이 있다. 이런 사장들은 "우리 회사 사원들은 말이야……" 하면서 불평을 늘어놓는 경우가 많다.

④ 너무 잘할까 봐 걱정한다

"섣불리 일을 맡겼다가 너무 잘하면 그것도 좀 곤란하지. 나보다 좋은 평판을 얻게 되면, 내 자리가 위험해질지도 모르는데……."
설마 이런 경영자는 없으리라고 생각한다. 혹시 두려움 때문에 부하 직원에게 일을 맡기지 못하는 경영자가 있다면, 한심하기 짝이 없다는 말밖에 할 수가 없다.

'너무 안 맡겨서' 실패하기보다는 '너무 맡겨서' 실패하기를

그렇다면 올바르게 맡기는 방법이 따로 있을까? 어떻게 하면 안심하고 맡길 수가 있을까? 그 방법도 네 가지가 있다.

① 사전에 미리미리 능력을 시험해본다

누구에게나 일을 맡기면 된다는 말이 아니다. 사원들은 각각 경험도 다르고 경력도 다르며 능력이나 의욕도 다르다. 누구에게 어느 정도의 일을 맡기면 좋은지도 다 다르다. 그래서 필요한 것이 사전 조사이다. 평소에 부하 직원들의 능력을 눈여겨보면서 확실하게 파악해 놓을 필요가 있다.

사실 말처럼 쉬운 일은 아니다. 록히드 사건(1976년 미국의 록히드 사가 대형 항공기를 판매하고자 일본 고위 관리에게 뇌물을 건넨 사건-역자) 때 검사직을 맡았던 훗타 쓰토무는 어느 강연회에서 이런 말을 했다. "사람은 자신의 능력에 대해서는 최소한 40퍼센트 정도 부풀려서 생각한다. 반면에 타인의 능력에 대해서는 최소한 40퍼센트 정도를 깎아내리고 생각한다." 자신에 대한 평가와 타인에 대한 평가 사이에는 앞뒤로 80퍼센트가 차이가 난다는 말이다.

조금 비꼬아서 말하자면, 당신은 본인이 생각하는 만큼 능력을 갖추고 있지 않으며, 반대로 당신 밑에서 일하는 부하 직원은 본인이 얕잡아 보는 만큼 못난 인간이 아니라는 것이다.

일을 맡길 때는 어려움 없이 간단히 해치울 수 있는 일도 좋지 않고, 지나치게 감당하기 어려운 일도 좋지 않다. 전자는 재미가 없고 성취감도 느낄 수 없다. 후자는 시작부터 포기하게 만들거나 좌절감만 안겨준다. 사원 각자에게 '15~20퍼센트쯤 늘려 잡은 목표량' 정도가 적당하다.

한편, 일을 맡겨야 할지 말아야 할지 판단하기 어려울 때가 있을 것이다. 이럴 때는 맡기는 것이 좋다. 비록 실패로 끝날지라도 일을 너무 맡겨서 실패하는 쪽이 너무 맡기지 않아서 실패하는 것보다 '사람을 키운다는 점'에서 더 낫기 때문이다.

② 일을 맡겼을 때 중간 중간에 보고를 받는다

일이 끝난 뒤에 보고를 받는 것은 당연하다. 그러나 일을 맡긴 다음에도 중간 중간에 경과보고나 중간보고를 받도록 한다. 이때는 '이 사안에 대해서는 매주 월요일 아침 9시에 보고할 것' 또는 '매월 셋째 주 금요일 오후 5시에 보고할 것'과 같이 미리 보고할 시점을 정확히 정해주는 것이 좋다.

자기가 한가할 때 부하 직원에게 가서 "어이, 어떻게 되고 있나?" 하고 묻는 행동은 피해야 한다. 윗사람한테 매일 이런 소리를 들으면, 부하 직원은 열심히 할 마음이 생겼다가도 사라진다. "그렇게 궁금하면 자기가 하지!" 이런 소리를 들어도 할 말이 없는 것이다. 이런 사태를 막기 위해서라도 보고하는 시점을 미리 분명하게 정해두는 것이 좋다. 물론 긴급 사태가 발생했을 때는 밤 2시라도 전화하라는 말을 반드시 덧붙여 두어야 할 것이다.

③ 시의적절하게 조언을 해준다

"이제 일을 맡겼으니 나머지는 알아서 해라. 난 모르겠다." 이런 태도는 권한 위양이 아니라 권한 방기이다. 직무유기라고 해도 좋을 것이다. 부하 직원에게 일을 맡겼을 때는 필요에 따라 조언을 해주는 것이 중요하다. 그러면 조언이 필요한 경우란 어떤 경우일까?

예를 들어 부하 직원이 일을 하다가 어떤 장애에 부딪쳤다고 하자. 이 문제를 어떻게 헤쳐 나가면 좋을지 의논하러 왔을 때 조언을 해주는 것이다. 또 크지 않은 실수라면 본인의 성장에도 밑거름이 될 테니 지나친 과보호를 하지 않는 것이 좋다. 그러나 명백히 방향이 잘못되어 있어서 "이대로 가다가는 절벽에서 떨어져 목숨을 잃을 수도 있겠다."라는 생각이 든다면, 도움을 요청하지 않더라도 너무 늦기 전에 손을 써야 한다.

최악의 경우도 있다. 일을 맡겨놓고는 "너 혼자 이 일을 하기엔 좀 벅찰 거야." 하는 태도로 매일같이 간섭하는 경우이다. 그러면 부하 직원은 거기서 성장을 멈춘다. 조언은 하되, 나머지는 기본적으로 본인이 알아서 하도록 하는 것, 이것이 일을 맡기는 올바른 방법이다.

④ 최후의 책임은 사장이 진다

비즈니스에서 책임은 두 가지가 있다. 하나는 실행책임이고 다른 하나는 성과책임이다.

어떤 일을 부하 직원에게 맡겼다고 하자. 이때 실행책임은 100퍼센트 그 일을 맡은 부하 직원에게 있다. 일을 맡긴 사람에게는 실행책임이 없다. 그러나 성과책임은 다르다. 담당 직원은 물론 일을 맡긴 사장에게도 100퍼센트 성과책임이 있다. 일을 맡겼으면 일하는 방식도 100퍼센트 맡기게 되지만, 결과에 대한 책임은 사장도 100퍼센트 져야 한다. "뒤처리는 내가 한다. 그러니까 열심히 해봐라." 이렇게 어깨를 툭툭 치면서 현장으로 내보내는 것이 일을 맡기는 올바른 방법이다.

사원에게 맡겨서는 안 되는 일

이처럼 일을 맡긴다는 것은 아주 중요한 일이다. 그러나 사장이 사원에게 맡겨서는 안 되는 일도 있다. 가장 먼저 꼽을 수 있는 것이 기업 이념과 기업 전략에 관한 최종 결정이다. 이것은 사장 자신이 해야 하는 일이다. 또 회사가 원하는 인재의 조건도 사장이 책임을

지고 결정해야 한다.

그러나 이런 것을 사장이 혼자서 다 생각하고 결정해야 한다는 의미는 아니다. 그것은 독재일 뿐이다. 우선은 중론에 따라 다른 사람들의 의견을 듣고, 그런 다음 최종적인 판단과 결단을 사장이 내려야 한다는 이야기다.

경영이란, '6 대 5'는 승인하고 '4 대 7'은 기각하는 식으로 다수결로 결정하는 것이 아니다. 다수결로 의사결정을 할 수 있다면, 사장이 왜 필요하겠는가? 간부 사원이 10명 있는데 사장만 빼고 모두 의견이 같다고 하더라도, 사장이 "절대로 나는 이렇게 하겠다."라고 한다면 간부 사원들의 의견을 다 물리치고 결단을 내려야 한다 (물론 임원들을 설득할 수 있는 논리를 반드시 갖추고 있어야 한다).

경영자의 의사란 이처럼 큰 힘을 갖는다. 이렇게 커다란 권한이 있다는 것은, 그만큼 커다란 책임이 있다는 말과 같다. 경영의 세계에서는 다수결이라는 의미의 민주주의는 통하지 않는다. 달리 말하면 '민주적 독재'(democracy autocracy) 또는 '중론 독재' 정도가 될 것이다.

일을 맡겼는데 실패했을 때는 어떻게 할까?

마지막으로, 일을 맡겼는데 잘 되지 않은 경우에는 어떻게 대처해야 하는지, 그 방법을 생각해보기로 하자.

우선 왜 생각한 대로 결과가 나오지 않았는지 그 원인을 규명하는 것이 필수다. 원인으로 생각해 볼 수 있는 것들은 앞에서 이야기한 바와 같다.

원인을 규명했으면, 그다음은 같은 잘못을 되풀이하지 않을 수 있는 해결책, 개선책을 함께 이야기한다. 이때 일을 맡겼던 직원을 비난하는 일은 절대 없어야 한다. 특히 사람을 나무라서는 안 된다. 문제를 삼아야 하는 대상은 일이나 물건이다. "○○○ 씨, 당신 안 되겠어."가 아니라, "매상 예측을 이렇게 했는데, 여기에는 이런 리스크가 배제되어 있었다." 또는 "이 시제품에는 기술적인 결함이 3개나 있다." 이런 식이 되어야 한다. 전자는 단순히 인격 모욕에 지나지 않는다.

한편, 나무랄 때는 확실히 나무라야 한다. "같은 실수를 되풀이하지 않기를 바란다. 다음에는 제대로 잘해주면 좋겠다."라고 따끔하게 야단을 쳐야 한다. 그러고 나서 필요한 부분을 확실하게 지원해준다. 야단을 친 다음에는 어깨를 토닥이며 긍정적인 말로 마무리를 하자. 함께 한잔해도 좋을 테고, 다른 상사에게 필요한 지원을 부탁해도 좋을 것이다.

목청을 높이며 화를 내는 사장도 있다. 개인적으로는 그다지 좋아하지 않지만, 그것도 하나의 스타일이다. 화를 낼 때는 상대를 봐가면서 내야 한다는 조언을 덧붙이고 싶다.

일본 프로야구의 요미우리 자이언츠가 9년 연속 승리를 하던 시절 이야기다. 팀의 분위기가 해이해지면, 가와카미 데쓰하루 감독은 오 사다하루 선수가 아니라 꼭 나가시마 시게오 선수에게만 화를 냈다고 한다. 나가시마는 금방 "헤헤." 하고 잊어버리는데, 오는 심각하게 고민에 빠지기 때문이었다. 어느 나라의 전 총리가 "인생도 가지가지, 사람도 가지가지."라고 했다는데, 야단을 칠 때도 상대에 따라 하드와 소프트, 햇볕과 바람을 가려서 사용하는 기지와 머리가 필요하다.

사원들이 납득할 수 있도록
평가하고 대접하라

사원 평가 항목과 비중이 명확한가

여기서는 앞에서 이야기한 사원의 슬픔 네 가지 중에서 평가와 처우에 관해 이야기하고자 한다.

존슨앤드존슨 사장으로 있을 때, 미국 본사에서 회장이 와서 만난 적이 있다. 이때 회장은 경영이 순조롭게 잘 되어 가느냐고 내게 물었다. 나는 이렇게 대답했다.

"목표를 달성하기 위해서 할 수 있는 모든 것을 다하고 있습니다."(We are working very hard to attain our objectives.)

이 말에 대한 회장의 반응이 재미있었다. "아타라시 씨. 우리가 당신에게 바라는 것은 하드 워킹이나 잔업이나 열심히 일하는 것이 아닙니다. 원하는 것은 '결과'입니다." 참으로 미국인다운 사고

방식이라고 생각했다. 하지만 회사 경영을 책임지고 있던 내 입장에서는 크게 깨닫는 바가 있었던 것도 사실이다.

피터 드러커는 다음과 같은 지당한 말을 남겼다. 이것이 바로 평가의 대원칙이다.

"보수는 공헌한 바에 주어져야 하는 것이다. 단지 노력했다는 것은 칭찬받을 일에 지나지 않는다."

매우 중요한 말이다. 다시 한 번 강조하고 싶다. 이 말은 "샐러리맨과 비즈니스맨은 다르다."라는 의미이다.

샐러리맨은 회사에 '일을 하러 가는' 사람이다. 몇 시부터 몇 시까지 정해진 시간에 일을 한다. 때로는 잔업을 할 때도 있지만, 아무튼 한결같이 회사에 일을 하러 가는 데 뜻을 두고 있는 사람이다. 이에 반해 비즈니스맨이란, 회사에 '결과를 만들어내려고 가는' 사람을 가리킨다. 확실한 성과를 이끌어낼 수 있는 사람, 이런 사람이 비즈니스맨이다.

리더가 갖추어야 할 마음의 각오에 관해서라면 "그렇기 때문에 리더는 샐러리맨이 아닌 비즈니스맨이 되어야 한다!"라는 말로 결론을 마무리해도 된다. 그러나 사원의 평가나 처우에 관해서라면 이야기가 달라진다. "결과를 만들어내는 것은 무엇보다 중요하다. 그러나 우리 회사에서는 결과가 나오기까지의 과정도 어느 정도 참작해야 한다."라는 내용을 덧붙여야 한다.

비즈니스 세계에서는 결과가 모든 것을 말한다. 아무리 잔업을 많이 해도 좋은 결과를 이끌어내지 못한 사원은 결코 100점을 받을 수 없다. 그렇다고 해서 정당한 노력을 했는데도 아무런 보상이 주어지지 않는다면, '우리는 무조건 결과가 전부'라고 밀어붙인다면, 그것도 참 삭막할 것이다.

그러므로 사원의 평가와 처우에 관해, 다음과 같은 두 가지 요소를 어느 정도 비중으로 할 것인지 사전에 명확히 해두는 것이 필요하다.

- **정량 평가**: "무엇을 달성했는가?"라는 '결과'에 대한 숫자적 평가를 말한다.
- **정성 평가**: "어떤 방식으로 일을 했는가?"라는 '과정'에 대한 질적 평가를 말한다. 예를 들어, 조직의 일원으로서 팀플레이가 가능한지, 조직의 분위기를 밝게 이끌고 있는지, 인망이 있는지, 부하 직원을 잘 지도하며 육성하고 있는지, 단기적인 것은 물론이고 장기적인 성장을 위해 미리미리 조치를 취하고 있는지 등을 보는 것이다.

나는 사원 연수에 참여해 달라는 요청을 받고 여러 회사에 가곤 하는데, 사원들을 만나보고 뜻밖의 상황에 깜짝 놀랄 때가 많다. 자기 자신이 회사에서 어떤 평가 항목에서 어떤 평가를 받고 있는지 잘 모르는 경우가 있기 때문이다. 필시 설명을 들은 적이 없거나,

들은 적이 있다고 해도 사원들이 이해할 수 있는 형태로 전달되지 않았기 때문일 것이다.

어느 쪽이든 간에 그대로 내버려두어서는 안 된다. 무엇이 어떻게 평가되고 있는지를 전혀 모르면, 어디에 기준을 두고 노력해야 하는지도 제대로 알 수 없기 때문이다. 내 감각으로는 정량 분석과 정성 분석의 비율을 6~7 대 3~4 정도로 하는 것이 적절하지 않나 싶다. 그러나 명확한 기준은 각 회사의 수장이 갖고 있는 철학이나 가치관에 따라 결정되어야 할 것이다.

예를 들어 도요타자동차는 부장급을 평가할 때, 이 사람이 회사에서 어느 정도 인망을 얻고 있는지를 본다고 한다. 과장급을 평가할 때는, 부하 직원을 얼마나 잘 교육하고 육성하고 지도하고 있는지가 중요 항목이라고 한다. 이런 정성적인 부분은 정량화하기 어려운 것이 사실이지만, 매우 중요한 요인이다. 단기적인 숫자만으로 사람을 평가하는 것은 매우 위험하다. "일단 코앞에 놓인 일부터 처리하면 된다. 나머지는 상관없다."라는 단기적 찰나주의가 사내 분위기를 점령하기 때문이다.

관리 부문도 수치화하여 평가할 수 있다

고객에게 주문을 받아 오는 영업 부문이나, 단위 시간당 비용이나 손실 등이 숫자로 쉽게 드러나는 제조 부문은 '결과'를 쉽게 파악할 수 있다. 그러나 인사부, 법무부, 경리부, 경영관리부 같은 간접 부문은 평가를 하기가 어렵다. 이런 경우에는 어떻게 하면 좋겠느냐는 질문을 많이 받는다.

나는 간접 부문의 평가는 '의사 숫자'로 평가하고자 노력했다. 예를 들어 인사부라면 '새 평가제도 책정안을 7월 중에 완성해서 임원회의에서 프레젠테이션할 것', '올해는 사원 만족도가 50퍼센트였으니, 2년 후에는 60퍼센트로 올릴 것'과 같은 식으로 목표를 수치화하는 것이다.

경리나 법무 부문 같은 경우는 매상 실적처럼 숫자로 보여주는 것이 없다. 그러나 이들은 '사내 고객'에게 서비스를 제공하는 서비스 공급자에 해당한다. 그러므로 여기서는 서비스를 받는 입장에 있는 다른 부서 사원들이 평가하도록 하는 방식을 채택했다. 이때 평가를 위한 평가로 끝나지 않도록 주의를 기울였다. 평가 결과, 서비스의 품질이 향상되어 결과적으로 사내 고객 만족도가 높아지는 데 주안점을 두었다. 경리부나 법무부의 서비스만 평가하는 것이 아니라, 영업부와 제조부도 서로 평가하도록 했다. 당연히 숫자나 사실이 뒷받침되지 않는 '슬렁슬렁 평가' 또는 '대강대강 평가'로 그친다면, 조직의 물이 고여서 썩을 것이다.

또 한 가지, 내가 중요하게 여기던 것이 1년에 두 번 실시하는 개인 심사 또는 사정(피드백)이다. 자신이 정한 목표에 대해 달성 정도나 평가를 확인하는 자리였다. 이것은 반드시 시행하는 것이 좋다.

심사라고 하면, 심사를 하는 쪽이나 받는 쪽이나 별로 안 좋은 인상을 갖고 있는 경향이 있다. 심사 자리를 이용해 평소에 상사가 부하 직원에게 느끼고 있던 불만을 쏟아내기 때문이다. "당신은 이게 문제야. 저것도 문제고." 하는 식으로 말이다. 이런 심사라면, 심사를 앞둔 며칠 전부터 사원들의 마음이 무거워질 수밖에 없다.

심사 자체가 목적이 아니다. 심사의 본래 목적은 부하 직원의 기를 살려주고, 회사에 더 큰 공헌을 할 수 있는 사람으로 이끄는 것이다. 경영자나 상사는 부하 직원이 그렇게 될 수 있도록 조언해주고자 노력해야 한다. 부하 직원에게 있어 심사 자리는, 자신의 능력을 높이는 데 필요한 조언을 받는 자리다. 이런 인식이 생긴다면, 1년에 두 번 갖는 심사 기회는 부하 직원에게 괴로움이 아니라 즐거움의 자리가 될 것이다.

사원이 목표를 달성하지 못했더라도, 설사 잘못을 했더라도 덮어놓고 나무라기만 하면 절대 안 된다. 왜 달성하지 못했는지, 우선 그 이유를 들어야 한다. 앞에서도 말했지만, 목표를 달성하지 못한 이면에는 어떤 이유가 있는 법이다. 문제의 원인을 제대로 밝히지 않고서는 그에 따른 대책도 세울 수가 없다.

특별히 노력하지 않았는데 좋은 성과를 낸 사원은 어떻게?

여기서 한 가지 주의해야 할 것이 있다. 그렇게 열심히 하지도 않았는데 성과가 좋은 사원은 어떻게 평가해야 좋은가 하는 것이다.

앞에서 회사의 전략과 실적에 대한 자기 평가와 그 관계를 도표

4-4를 통해서 소개한 바 있는데, 사원의 평가도 기본적으로 그와 같다.

노력을 50밖에 하지 않았는데 80의 결과를 얻은 사원이 있다면, 어쩌다가 순풍을 타고 실력 이상의 성과를 낸 데 지나지 않는다. 바람의 방향이 자신에게 유리할 때는 좋지만, 일단 방향이 바뀌면 순식간에 추락할 가능성이 크다. 이런 경우는 노력을 80만큼 했는데 결과를 50밖에 못 얻은 경우보다 훨씬 더 귀찮은 문제를 일으킬 수 있다.

그래서 필요한 것이 바로 사원들의 자기 평가이다. 성과야 분명하게 평가할 수 있을 테니 됐고, 노력 부분에서 "자신이 노력한 부분에 스스로 몇 점을 주겠는가?"를 묻는 것이다. 성과 80에 대해 본인의 노력도 80이라고 자기 평가를 내렸다면, "다음 심사 때에 90이 되려면 무엇을 해야 할 것인가?"라는 말로 넘어가면 될 것이다. 또 노력 80에 성과 50이라고 평가한 경우에는, 노력해야 할 요점이나 방향이 잘못되어 있는 것은 아닌지 또는 업무 과정을 제대로 밟아가고 있는지 세세하게 조언을 해주면 된다.

노력을 50밖에 안 했는데도 성과가 80으로 나온 경우, 대개는 사원 스스로가 그것을 이미 알고 있다. 물론 그중에는 달콤한 착각에 빠져 있는 직원도 있겠지만, 혹시나 그런 경우가 있다면 분명하게 지적해 주어야 한다. 그리고 '이번에는 운이 좋았지만, 상황이 바뀌면 이런 식으로 해서는 결코 이런 결과가 나오지 않을 것'이라는 사실을 깨닫도록 설명해 주어야 한다.

360도 평가제의 함정

최근에는 사원을 평가하는 방법이 점점 다양해지고 있다. 특히 상사가 부하 직원을 평가할 뿐만 아니라 거꾸로 부하 직원이 상사를 평가하는 360도 평가제를 도입하는 회사도 점차 증가하고 있다. 그런데 이 평가 방법이 '양날의 칼'이기도 하다는 점을 잘 알아두는 것이 좋다.

윗사람에게는 굽실굽실하면서 아랫사람에게는 갑자기 태도가 돌변해 우습게 취급하는 사람들이 있다. 대체로 이런 사람은 언제든지 자기 상사를 배신할 수 있는 마음을 품고 있는 경우가 많다.

그런데 360도 평가제가 제 기능을 발휘하려면 상사를 평가할 수 있는 정신적인 성숙도를 갖추고 있어야 한다. 그렇지 않으면 단순히 인기를 끄는 상사가 좋은 평가를 얻는 결과가 나올 수 있기 때문이다. "좋은 상사란, 부하 직원들 앞에서 단숨에 쭉 맥주를 들이켜고, 골프 치는 것을 좋아하며, 노래방에 가서 솔선수범해서 노래하는 상사다." 이런 분위기라도 만들어진다면, 보통일이 아니다.

마찬가지로 고객에게 좋은 평판을 얻고 있는 사원도 그냥 방치하다가는 문제가 생길 수 있다. 고객에게 잘 보이려고 맹목적으로 요구를 들어주고 있을 수도 있기 때문이다. 고객에게 좋은 일이 반드시 우리 회사한테도 좋은 일이 된다는 보장은 없다. 어떤 점에서 어떤 이유로 고객들에게 좋은 평판을 얻고 있는지를 확실하게 파악해야 한다. 평가란 평판이 아니라 사실을 바탕으로 행해져야 하는 것이다.

기회는 평등하게, 처우는 공정하게

외국계 회사에서 사장직을 맡고 있을 때, 이런 경험을 한 적이 있다. '경영을 재확립할 것'이라는 임무를 띠고 스카우트된 상황이었는데, 제반 현황을 파악하던 중에 아주 기가 막히는 점을 발견하게 되었다. 매년 상여금을 지급하는 평가 시스템이 있긴 있었는데, 최고 평가를 받은 사람과 최하 평가를 받은 사람 사이에 수령액이 20퍼센트밖에 차이가 나지 않고 있었다. 열심히 노력해서 좋은 성과를 올린 사람이 110만 원을 받는다고 했을 때, 대충대충 날림으로 일하고 대충대충 성과를 올린 사람이 90만 원을 받는 시스템이었다.

"근본적으로 평등하지 않은 것을 평등하게 취급하는 것만큼 큰 불평등은 없다."

2500년 전에 부처님이 하신 말씀이라고 한다. 사원이 열심히 업무에 매달려 일정한 성과를 거두었는데 그 공헌 정도에 합당한 평가와 처우가 따르지 않는다면, 열심히 하겠다고 마음먹었던 처음의 의욕은 곧 사라질 것이다. 회사에 게으름뱅이가 넘쳐나게 될 것이다. 죽도 밥도 아닌 꼴이 되는 것이다.

교육이나 훈련을 받는 기회는 가능한 한 모든 사원에게 평등하게 주어야 한다. 그러나 성과에 대한 평가와 그 평가에 합당한 처우 (금전, 승진 등)는 결코 평등해서는 안 된다. 올바른 의미의 '차별 대우'가 있어야 하는 것이다('차별'이라는 용어에 저항감을 느낀다면 '구별'이라고 해도 좋다). 요컨대 차별해야 할 차별은 해야 한다는 말이다.

'기회는 평등하게, 처우도 평등하게'라는 나쁜 평등주의가 만연한 회사는 얼핏 보기에는 따뜻하고 인간적으로 보일 것이다. 그러나 이런 회사에는 살아 있는 변화와 생동감이 결핍되어 있다. 오래 장수할 기업이라고 기대할 수 없을 것이다.

나는 상위 10퍼센트에게는 평균치의 2배의 상여금을 지급하고, 하위 10퍼센트에게는 '상여금 제로'라는 과감한 결정을 내렸다. 소수의 불평분자는 회사를 떠났다. 떠난 사람은 모두가 제발 그만두어 주면 좋겠다고 바라던 인물들이었다. 공헌한 정도가 높은 상위 선수들은 사기가 충만해졌다. 결과적으로 조직 전체에 긴장감이 맴돌기 시작했고 회사가 활성화되었다.

잘하고 못한 것을 분명히 가리는 신상필벌 체계가 희미한 회사는 전체적으로 늘어지는 분위기에 빠져 있다. 경계해야 할 것은 잘못된 평등주의이다. '기회는 평등하게, 처우는 공정하게'라고 외쳐야 한다.

'사원 만족도'를 조사하라

사원들의 동기 유발에 돈보다 중요한 것

회사의 목표를 달성하기 위해서 자신의 생활을 희생한다는 옛날식 멸사봉공은 지금 시대에는 통하지 않는다. 이제부터는 자기 자신을 살리고 그것이 회사에도 긍정적인 결과를 가져오는 활사풍공(活私豊公)으로 나아가야 한다.

옛날에는 보수가 높은 회사일수록 대체로 사원 만족도가 높았다. 그러나 지금은 반드시 그렇지도 않다. 실제로 일에 대한 만족도 조사 결과를 보면, 일을 통해서 '수입'을 얻고 싶다고 대답한 비율보다 '일의 보람'이나 '일을 통한 자기실현'을 꼽은 쪽이 3배 더 많다는 통계도 있다.

금전적인 보수가 한 단계 올라가면 더 열심히 일해야겠다는 의욕이 생긴다. 그러나 돈에서 비롯되는 만족감은 그리 오래 지속되지 않는다. 반면에 보람을 느끼면서 즐겁게 일하고 좋은 결과를 얻었을 때 그에 따른 성취감을 맛보게 되면 "더 열심히 해보자." 또는 "다시 해보고 싶다." 하는 생각을 하게 된다. 이렇게 해서 얻어진 사원들의 만족감은 오래 지속된다. 즉, 돈이 기본적인 '불만 억제 요인'이라면, 보람이나 자기 성취감 같은 것은 '동기 유발 요인'이 되는 것이다.

사원들의 만족도를 파악하고 이직자를 분석한다

그러면 사원 만족도는 어떻게 파악할 수 있을까? 한 가지 방법은 '사원 만족도 조사'를 실시하는 것이다. "아마도 만족하고 있지 않을까?" 하고 느낌만으로 추측할 일이 아니다. 실제로 조사해서 사원들의 목소리를 들어보지 않고서는, 현재 상황을 알 수도 없거니와 필요한 대책도 세울 수 없다. 예를 들어 예전에 내가 재직했던 회사에서는 1년에 한 번 또는 2년에 한 번 정도 사원 만족도 조사를 실시했다.

사원 만족도가 올라가면 업무에 대한 동기도 향상된다. 뿐만 아니라 이직률이 떨어지는 장점도 있다. 사원들의 불만족 정도가 가장 단적으로 나타나는 것이 이직률이기 때문이다.

제조회사의 경우 적정 이직률이 6~8퍼센트 정도가 아닐까 생각한다. 1~2퍼센트 정도는 들어오고 나가는 변화가 너무 적어서 물이 고여 썩을 염려가 있다. 반대로 20퍼센트 이상이 된다면 이미 정상이 아니다. 문제가 있는 것이다.

또 한 가지, 이직률뿐만 아니라 '어떤 인물이 우리 회사를 그만 두었는가?'에 대해서도 주목해야 한다. 이직률이라는 숫자는 똑같을지라도, 그만두지 말아야 할 사람이 그만두는 것, 그만두어도 별 영향이 없는 사람이 그만두는 것, 그만두면 좋겠다 싶은 사람이 그만두는 것은 각각 의미가 다르다. 그래서 반드시 그만두는 사람을 면담(Exit Interview)해야 한다.

그만두지 말았으면 하는 사원이 그만두는 것은 회사의 손해라고 나는 생각한다. 경영자와 사원은 이런 의미에서는 경쟁 관계에 있다. 그만두고 싶다는 생각이 들지 않게 하려면 어떻게 해야 하는가? 경영자는 그만두지 말았으면 하는 사원이 그만두지 못하도록 항상 의식적으로 어떤 조치를 취하고 있어야 한다.

경영자는 사원들의 인간관계에 어디까지 개입해야 하는가?

앞에서 '사원의 슬픔 네 가지'를 소개한 바 있다. 이와는 성격이 조금 다르지만, 직장 내에서 인간관계를 잘 풀어나가지 못하는 것도 사원에게는 심각한 문제이다. 이럴 때 경영자는 어디까지 개입해야 하는 것일까?

사원 수가 많으면 회사 내 인간관계를 모두 파악하기는 어렵다. 그러나 경영자는 최소한 간부 사원들에 관해서는 안테나를 바짝 세우고 있어야 한다. 지금 누구누구가 어떤 상황에 있고 어떤 문제를 안고 있는지, 누구와 누가 좋은 관계를 맺고 있고 누구와 누가 껄끄러운지, 그 이유는 무엇인지 등등. 이런 정도는 잘 관찰해서 파악해 두는 것이 도움이 된다.

인간관계에 개입한다는 것은 참 어려운 일이다. 아무리 이치를 따져가며 설득한다 해도, 사람에게는 역시 정이라든지 맞고 안 맞는 성격이라든지 하는 것이 있다. 예를 들어 서로 코드가 안 맞는 사람들이 인사이동으로 한 팀이 되었다면, 배려를 해야 할 필요도 있을 수 있다. 경우에 따라서는 직속 상사에게 조언을 하거나, 인사부에 옮겨달라고 부탁하거나 하는 등 경영자가 맡아주어야 하는 역할도 있다.

여성, 고령자, 외국인에게
문을 열어야 할 때

여성, 고령자, 외국인을 더욱 활용한다

세계는 점점 더 이질화되어 가고 있다. 미국의 대기업을 보면, 수장이 미국인이 아닌 경우가 그리 드물지 않다. 사원 중에도 역시 전 세계 인종이 뒤섞여 있다. 이런 상황에서 사업 전략이 수행되고 있으니, 다양한 발상이 나오는 것도 당연한 일이다.

반면에 단일한 환경에서 경영이 이루어지고 있는 상황에서는, 자극이나 마찰 또는 깜짝 놀랄 일 같은 것이 좀처럼 발생하기 어렵다. 전 세계적인 움직임을 따라가려면, 기업도 조금씩 이질화를 시도하고 다양한 인재를 적극적으로 등용해야 한다. 바로 여기서 키워드로 등장하는 것이 '여성', '고령자', '외국인'의 활용이다.

현대에 이르러 여성의 사회 진출이 많이 진행되고 있다고는 하지만, 아직도 관리직에서 여성이 차지하는 비율은 매우 낮다.

또 고령자에 대해서는 '옛날 사람'으로 취급하는 분위기가 있지만, 사실은 다르다. 예를 들어 기술이나 노무, 인사 부문을 보면 업무 능력 수준이 높은 고령자도 많다. 또 예전보다 평균수명이 크게 늘어났기 때문에 지금의 고령자는 옛날에 비해서 많이 젊다. 감각적으로는 지금의 60세가 예전의 48세와 수준이 같다. 좀 더 적극적으로 고령자를 활용할 필요가 있다.

외국인도 마찬가지다. 우수한 인재가 없다고 한탄하는 기업이 많은데, 그렇다면 외국인을 활용하면 된다. 실제로 최근에 일본 로손 같은 회사에서는 대졸 신입사원의 30퍼센트를 외국인으로 채용하고 있기도 하다.

여성들이 활약할 수 있도록 경영자가 나서야 한다

남성 경영자 중에는 아직도 여성은 언제 회사를 그만둘지 몰라 등용하기를 망설이는 사람이 적지 않은 듯하다. 그런 불안감이 전혀 근거가 없는 것은 아니다. 그러나 의욕에 넘치는 여성들은 이렇게 말한다. "우리는 아무리 열심히 일해도 어차피 임원이 되지는 못합니다. 부장급 중에 여성은 한 사람도 없지 않습니까?" 이 말이 사실이라면 할 말이 없다.

근본적으로 남성이니까 또는 여성이니까 하면서 선을 긋는 것 자체가 지금 이 시대의 틀에 들어맞지 않는다. 남성과 여성은 여러 가지가 다르다. 우수하다든지 열등하다든지 하는 이야기가 아니라 서로 다른 것이다.

같은 남성들만 놓고 봐도 다 '사람 나름'이고 각각 다르지 않은가? 마찬가지로 여성도 '사람 나름'이다. 그러니 남녀라는 성별만으로 선을 긋는다는 것은 지나치게 단순한 발상이다.

능력 있는 사람에게는 등용과 승진의 기회가 주어진다는 것을 채용 단계에서부터 명시해야 한다. 명시만 할 것이 아니라 실천해야 한다. "우리 회사는 적극적으로 여성 채용에 앞장서고 있습니다." 아무리 이렇게 노래를 해도, 회사가 먼저 움직이지 않는 한 여성 사원들 사이에 냉소적인 분위기만 감돌 것이다.

우수한 능력을 갖춘 인물을 임원으로 영입하는 것도 한 방법이다. 미국에서는 한두 사람을 빼고는 중역회의 구성원 대부분이 사외 임원인 경우도 있다. 이쪽이 견제와 균형(check-and-balance)이라는 관점에서도 유효한 측면이 있기 때문이다.

특히 중소기업의 경우에는 사장이 골목대장 노릇을 하는 경향이 있다. 골목대장이 적확한 판단을 내릴 수 있으면 다행이지만, 시대에 맞는 새로운 발상을 내놓지 못하거나 방향을 잘못 잡으면 비극을 맞이하게 된다. 이런 사태를 막기 위해서라도 신뢰할 수 있는 참모 또는 경험이 풍부한 감시자로서 유능한 외부 인사를 영입할 필요가 있다. 때로는 경험과 실력을 두루 갖춘 고령자를 기용하는 것도 좋은 방법이다.

외국인을 내국인과 똑같이 관리해서는 안 된다

다양화 경영에 힘을 쏟고는 있는데, 생각처럼 잘되지 않는다는 이야기를 종종 듣는다. 그중에서도 특히 어려움을 호소하는 것이 외국인 관리이다.

외자계 기업 쪽에서 오랫동안 일한 경험으로 느끼는 것인데, 전반적으로 외국인은 자기주장이 강한 편이다. 같은 아시아권 사람이라고 해도 생각이 다른 경우가 상당히 많다.

외국인, 특히 미국인이나 중국인은 전반적으로 금전적인 보수에 관한 요구 사항을 분명하게 밝힌다. 속으로 이런저런 불평불만을 담아 두고 말을 안 하는 경우는 거의 없다. 또 오랫동안 시간과 비용을 들여서 교육 연수를 시켜 놨는데, 얼마 안 되는 연봉 차이로 경쟁 회사로 옮겨버리는 경우도 있다. "내가 이 회사에 신세를 많이 졌다."라고 생각하는 마음이나 의리 비슷한 감정이 외국인에게는 별로 없다. 다시 말하지만 어느 쪽이 더 좋고 나쁘다는 이야기를 하고 있는 것이 아니다. 다른 점이 있다는 말이다. 눈동자 색깔, 종교, 문화적 배경 등등 다른 점이 이렇게 많은 외국인을 똑같이 관리해서 잘될 리가 없지 않은가.

외국인 사원을 관리할 때, '암묵적인 동의' 같은 것은 통용되지 않는다. '적절히 알아서'라는 영어 단어는 없다. '명시한 바에 따른 이해'가 필요할 뿐이다. 평가와 처우의 기준을 명확한 형태로 제시해야 하는 것은 물론이고, 그 밖에도 경력을 쌓을 수 있는 기회에 관한 내용 등을 세세히 규정해 두어야 한다. 그리고 외국인 사원과 의사소통을 원활히 하는 데 힘쓰면서, 불만 사항을 해소하고 의욕을 높일 수 있는 장을 만들고자 노력해야 한다.

다양화 경영을 생각할 때, 경영자는 우선 자기 회사에 어떤 인재가 필요한지 명확히 인식하고 있어야 한다. 여성이니까, 고령자니까, 외국인이니까 하고 지나치게 의식할 필요는 없다. 고정관념에서 벗어나 "우리 회사 전략을 실행에 옮겨 목표를 달성하고, 지속적인 성장을 실현하려면 어떤 인재가 필요한가?" 하는 기본에 바탕을 두고 인재를 채용해야 한다. 그리하여 "뚜껑을 열어 보니 여성이 많았고 고령자도 있었으며 외부인이나 외국인 채용 비율도 늘어나 있었다."고 한다면, 가장 바람직한 결과일 것이다.

사원을 채용할 때
실패하지 않는 포인트

면접에서 반드시 해야 할 네 가지 질문

기업이 신입사원을 한 사람 고용했을 때, 그 사원이 정년퇴직할 때까지 회사가 부담하는 총비용은 대략 20억 원이 된다. 사원을 한 사람 고용한다는 것은, 말하자면 20억 원짜리 기계를 사는 것과 같은 일이다.

그런데 이런 점을 분명하게 의식하면서 사원을 채용하는 경영자가 생각보다 적다. 어쩌면 '사원 채용에 관한 일은 모두 인사부 소관'이라고 생각하는 경영자도 있을지 모르겠다. 그래서는 안 된다.

본래 인재란 회사에서 가장 중요한 경영 자원이다. 왜냐하면 회사는 이념에 따라 전략을 수행하고 목표를 달성해서 성과를 만들어내야 하는데, 그 일은 인재 없이는 완수할 수 없기 때문이다. 경영자는 인재 채용을 결코 '남의 일'처럼 바라봐서는 안 된다. 그러면 인재를 채용할 때 가장 중요하게 생각해야 할 점이 무엇인지 알아보자.

나는 경력 사원 면접을 수백 명 실시했는데, 이때 반드시 질문하는 사항이 네 가지 있었다.

① 당신은 왜 다니던 회사를 그만두고 이 회사에 들어오려 하는가? (전직 동기)

② 지금까지 쌓아 온 비즈니스 경험 가운데 당신이 이루어낸 최고의 성과는 무엇인가? (성과를 이끌어낼 수 있는 인재인가?)

③ 지금까지 쌓아 온 비즈니스 경험 가운데 당신이 저지른 최대의 실수는 무엇인가? (도전 정신과 학습 의욕)

④ 당신 인생의 장기 목표와 단기 목표는 무엇인지 구체적으로 이야기해 봐라. (목표 지향적인 인간인가?)

이 네 가지 질문에 어떻게 대답하는지를 보면, 지원자의 사람 됨됨이를 대략 파악할 수 있다.

① 전직 동기

첫 번째 질문은 전직 동기에 관한 것이다. 이때 "지금 회사에서 받는 보수가 만족스럽지 않다.", "상사와 마음이 맞지 않는다."와 같은 부정적인 이유로 일관하는 사람은 일단 빼놓는 것이 좋다. 보수에 불만이 있어서 전직한다는 사람은, 우리 회사보다 더 많이 준다는 회사가 나타나면 다시 그쪽으로 옮겨갈 가능성이 있다. 돈으로 들어온 사람은 돈으로 나가는 법이다. 상사나 동료에게 불만이 있다고 늘어놓는 사람은, 우리 회사에 들어와도 똑같이 인간관계 때문에 문제를 일으킬 소지가 있다. 첫 번째 질문을 통해서 파악해야 할 것은, 과연 이 사람이 부정적인 이유가 아니라 구체적이고 긍정적인 이유로 우리 회사 문을 두드리고 있느냐 하는 것이다.

② 성과를 이끌어낼 수 있는 인재인가?

두 번째 질문으로 확인해야 할 것은 지원자가 성과를 만들어낼 줄 아는 인물인가 하는 것이다. 앞에서도 말했지만, 비즈니스에서 중요하게 봐야 할 것은 "얼마나 열심히 하고 있는가?"가 아니라 "어떤 결과를 이끌어냈는가?" 하는 것이다.

지금까지 어떤 부서에서 어떤 업무를 담당해 왔느냐고 물으면, 막힘없이 줄줄 대답할 수 있는 사람이 많을 것이다. 그러나 어떤 것을 달성해냈느냐고 물으면, 바로 대답하지 못하는 지원자가 많다.

예를 들어 "새로운 판로를 개척하는 데 성공했다." 또는 "새로운 서비스를 개발했다."는 대답이 나오면 자기 혼자서 해낸 일인지 아니면 팀의 일원으로서 해낸 일인지도 물어야 한다. 팀의 일원이었다면, 팀에서 어떤 역할을 맡고 있었는지도 물어봐야 한다.

③ 도전 정신과 학습 의욕

세 번째 질문에 대해서 "지금 당장 생각나는 실수가 없다."고 대답한 사람이 우수한 인재일 것이라고 생각할지도 모르겠다. 그러나 내 생각은 조금 다르다.

기본적으로 실수를 하는 사람은 도전하는 사람이다. 이 말을 뒤집어 보면, 지금까지 큰 실수 없는 인생을 살아온 사람은 무엇인가 과감하게 도전해본 적이 없는 사람일 수도 있다는 가정이 성립된다. "큰 과오 없이 임기를 마쳤다."라는 말은 큰 실수 없이 무사히 임기를 마쳤다는 말이다. 그런데 이 말을 잘 생각해보면 "큰 실수도 없지만 큰 공적도 없다."라는 뜻이기도 하다. 비록 실수를 경험했다 하더라도 거기서 아무것도 배운 게 없다면, 이것도 문제라는 것을 알아야 한다. 사람이든 조직이든 실수를 통해 배우면서 성장해 나가는 존재이기 때문이다.

④ 목표 지향적인 인간인가?

인간은 크게 두 가지로 나누어진다고 생각한다. 한 가지는 '되는 대로 인간'이다. 아침에 일어나서 이를 닦고, 회사에 가서 일한 다음 집에 돌아와서 식사하고 잔다. 또 그다음 날 아침에 일어나서 이를 닦고, 회사에 가서 일한 다음……. 이렇게 매일 똑같은 일을 반복하면서 살아가는 사람이 '되는 대로 인간'이다.

또 한 가지는 '목표 인간'이다. 단기 납득 목표와 장기 납득 목표를 추진하면서 살아가는 유형이 '목표 인간'이다. 둘 사이의 가장 큰 차이점은 무엇일까? '되는 대로 인간'은 자신의 인생이나 사는 방식에 의식적인 부가가치를 전혀 만들어내지 않고 있다. 바로 이 점이 다르다.

네 번째 질문으로 지원자에게 묻고 싶은 것은 '되는 대로 인간' 인가 아니면 '목표 인간'인가 하는 점이다. 우리 회사에 들어오기를 바라는 유형은 말할 것도 없이 '목표 인간'이다.

이렇게 네 가지 질문을 함으로써 사람을 잘못 채용하는 실수를 크게 줄일 수 있다. 그런데 여기서 한 가지, 채용 여부를 결정하는 마지막 테스트가 하나 남아 있다. "눈에서 빛이 나고 목소리에 힘이 있는가?" 하는 것이다. 사실 여기까지 왔으면, 나머지는 경영자의 사람 보는 눈에 달렸다고 할 수도 있다. 실제로 마음속에 정열의 불꽃이 타오르고 있는 사람은 눈빛이나 목소리에 그대로 드러나는 법이다.

한편, 대졸 신입사원을 채용할 때는 비즈니스 경험을 물을 수는 없다. 그러나 "학생 때 이루어낸 가장 큰 일은 무엇인가?" 또는 "리더로서 활동할 기회가 있었는가?", "지금까지 살면서 가장 큰 실수가 있었다면?" 같은 질문으로 바꾸어 물을 수는 있다. 이로써 지원자의 잠재능력을 충분히 짐작해볼 수 있다.

6장

소통,
성공을 위한
공감 능력

리더에게 반드시 필요한 자질로서 흔히 의사소통 능력을 이야기한다. 공유와 교류를 통해 '공감'을 형성하는 것이 의사소통의 본질이라 할 수 있다. 사원들이 공감할 수 있는 의사소통을 하려면 경영자는 어떤 점에 주목해야 할까? 의사소통의 '네 가지 목적'을 키워드로 삼아 생각해보기로 하자. 매번 의사소통의 목적을 의식한다면 의미 있는 소통이 가능하다.

의사소통 능력이
비즈니스의 80퍼센트를 좌우한다

의사소통의 목적을 의식하자

리더에게 반드시 필요한 자질로서 흔히 의사소통 능력을 이야기한다. 그런데 의사소통이란 무엇인가? 본래 의사소통, 즉 커뮤니케이션(communication)이라는 말의 'commu'란 '공유한다'는 의미를 갖고 있다. 그러므로 공유와 교류를 통해 '공감'을 형성하는 것이 커뮤니케이션의 본질이라 할 수 있다.

　사원들이 공감할 수 있는 의사소통을 하려면 경영자는 어떤 점에 주목해야 할까? 이제부터 의사소통의 '네 가지 목적'을 키워드로 삼아 생각해보기로 하자. 사실 자기 자신이 어떤 목적을 가지고 의사소통을 하려고 하는지 그때그때 의식하고 있는 사람은 거의 없다. 그것을 의식하면 의미 있는 의사소통이 가능해질 것이다.

① 상대방을 이해하는 것 — 의사소통 빈도를 높이고자 노력한다

일대일의 의사소통은 평범하지만 아주 중요하다. 마더 테레사는 이런 말을 남겼다.

"사랑이라는 말의 반대말은 증오가 아니다. 무관심이다."

인간이란 누군가 자신에게 관심을 가져주기를 항상 바라고 있는 존재이다. 그러므로 부하 직원과의 일대일 의사소통을 하루에 몇 번이든지 하도록 노력해야 한다. 아침 인사를 할 때나 복도에서 스쳐 지나갈 때나 항상 말을 걸고, 의논 상대가 되어주고, 애정 표현을 하자. 이때 상대방의 가슴속에서는 "이 사람이 나한테 신경을 써주고 있구나." 하는 생각이 조금씩 싹틀 것이다.

"눈에서 멀어지면 마음도 멀어진다."라는 말도 있듯이 물리적인 거리는 곧 심리적인 거리감을 만들어낸다. 하루에 몇 번이든 좋다. 가능한 한 많은 부하 직원에게 말을 걸고 이야기를 들어주는 습관을 들이기 바란다. 이 습관이 직장의 분위기를 바꿀 것이다.

② 전달하는 것 — "내가 무엇을 말했는가?"보다 "상대방에게 어떻게 전달되었는가?"가 중요하다

실패하는 비즈니스의 80퍼센트는 의사소통 부족에서 기인한다는 말이 있다. 여러분도 그런 뼈저린 경험을 한 적이 있을지 모르겠다. 이쪽에서는 틀림없이 상대방이 알아듣기 쉽게 이야기했다고 생각했는데, 알고 보니 내용이 전혀 전달되지 않았거나 상대방이 본래의 뜻과 전혀 다른 쪽으로 이해하고 있었거나 하는 경우가 생각보다 많다.

의사소통을 할 때 "내가 무엇을 말했는가?"는 중요하지 않다. "상대방에게 어떻게 전달되었는가?"가 중요한 것이다. 사장이 아무리 논리정연하게 이야기를 했다 해도, 사원이 알아들을 수 있는 말과 이해할 수 있는 논리로 전개하지 않았다면 아무런 의미가 없다. 이럴 때는 상대방의 나이나 직장 경험이나 인간적인 성숙도를 파악하고, 그에 따라 어떤 말과 어떤 표현을 사용하면 잘 통할지를 미리 조정하는 과정이 필요하다.

자신이 말한 내용이 상대방에게 제대로 전달되었는지 어떻게 확인할 수 있을까? 여기서 두 가지 방법을 소개한다.

자신의 발언 내용을 그 자리에서 상대방에게 반복하게 한다

자신이 말한 다음에 바로 그 자리에서 "지금 이 이야기를 어떻게 이해했나?" 하고 물어보자. 상대방에게 이야기 내용을 반복시키는 것이다. 이렇게 하면 불필요한 오해를 피할 수가 있다.

이것은 내가 자주 사용하는 방법이기도 한데, 부하 직원에게 반복하라고 하면 때로 깜짝 놀랄 정도로 뉘앙스가 달라져서 가슴이 철렁 내려앉을 때가 있다. 물론 오해가 있을 때는 그 자리에서 바로 정정하면 된다. 며칠이 지난 다음에 이야기가 엉뚱한 데로 흘러가 버린 것을 알게 되는 일만큼은 미연에 막을 수 있다.

'사실에 바탕을 둔 내용'과 '상상에 바탕을 둔 내용'을 구별한다

상상에는 개인적인 생각이 들어가기 때문에 아주 엉뚱한 방향으로 부풀려질 가능성이 있다. 아이디어를 내놓거나 브레인스토밍을 할 때라면 괜찮다. 그러나 비즈니스 관계로 대화를 나눌 때 중요한 것은 바로 '사실'이다.

그러므로 대화를 할 때는 "저는 이렇게 생각합니다." 또는 "이렇게 생각했습니다." 하는 상상 내용과, "이것입니다." 하는 사실 내용을 머릿속에서 잘 정리해야 한다. 물론 이렇게 해서 모든 사실을 파악할 수 있는 것은 아니다. 그러나 최소한 사장으로서 의사결정을 할 때, 사원이 상상을 바탕으로 멋대로 내놓은 내용을 가지고 최종 판단을 흐리는 일만큼은 줄일 수 있다.

이런 부분은 사장뿐만 아니라 사원들도 의식하게 하는 것이 좋다. 나는 사장으로 일할 때 대리점이나 도매상을 도는 영업사원에게 출장보고서나 영업일지를 쓸 때 반드시 고객의 말을 그대로 옮겨 쓰도록 지시했다. 영업사원 자신의 상상에 따라 각색된 '작문'이 아니라 사실을 중시하고 싶었기 때문이다.

지금까지는 주로 일대일 의사소통에 중점을 두고 이야기했지만, 경영자는 일대다의 의사소통을 할 때가 많다.

나는 많은 사람들 앞에서 이야기할 때 주의하는 사항이 있다. 원고를 읽는 것이 아니라 내 목소리, 내 말로 이야기하는 것이다. 미사여구나 멋들어진 단어는 가능한 한 사용하지 않는다. 그리고 이야기의 요점과 말하는 순서를 미리 준비해 두었다가, 이야기를 처음 시작할 때 "오늘 이런 이야기를 하는 목적은……"이라면서 이야기의 목적을 미리 밝힌다.

나아가 반드시 잊지 말고 담아두었으면 하는 내용이 있으면, 핵심을 세 가지 또는 많아야 다섯 가지 정도로 압축해 자료를 만들어서 참석자들에게 배포한다. 이 방법은 이야기 내용을 반추하고 기억하는 데 아주 큰 효과가 있다.

상황이나 소요 시간 등에 따라 달라지겠지만, 일대다의 의사소통을 할 때는 상황이 허락하는 한 일방통행이 아닌 양방향 의사소통이 되도록 힘써야 한다. 사원에게 의견을 말해보게 하거나 질문을 받는 식으로 해서, 혼자 떠드는 자리가 되지 않도록 주의하자.

그런데 20명을 넘어가면, 한 사람 한 사람의 의견을 들을 시간도 부족하고 의미 있는 토론이 이루어지기도 어렵다. 그럴 때는 이런 방법을 자주 사용한다.

우선 사장인 내가 먼저 전반적인 이야기를 풀어놓는다. 예를 들어 "전략을 어떻게 변경할 것인가?" 하는 주제라면, 전략의 흐름과 방향성을 내가 먼저 이야기하는 것이다. 그리고 사원들에게 그에 대한 질문을 내라고 해서 그것을 취합하고 정리한 다음에, 추려진 내용을 다시 참석자 전원에게 나누어준다. 그리고 나서 사원들을 6~7명씩 소그룹으로 나누어, '분과 토론회'를 통해 각 문제에 대해 토론을 하도록 한다. 필요하다면, 토론 내용을 발표하는 자리를 마련하는 것도 좋다.

이렇게 하면 일대다 의사소통의 효율이나 정밀도를 높일 수 있을 뿐 아니라, 사원들이 의사소통에 참가함으로써 주인의식이 싹트게 된다.

③ 즐겁게 해주는 것 — 경쟁이 치열할수록 유머가 필요하다

왜 여기서 유머가 필요한지를 묻는 사람도 있을지 모르겠다. 비즈니스 세계는 점점 더 경쟁이 치열해지고 있고, 과도한 스트레스로 병을 얻는 사람들까지 있다. 그래서 스트레스 완화제로서 유머가 필요한 것이다. 대화를 하면서 상대방을 즐겁게 해주는 것도 훌륭한 의사소통의 역할이다.

실제로 국제 사회에서는 비즈니스를 하는 자리든 정치적인 자리든 유머가 중요한 도구로 쓰이고 있다. 농담을 할 줄 안다는 것은 어떤 면에서는 마음의 여유가 있고 융통성이 있는 사람이라는 것을 나타낸다. 그리고 교양이 풍부하다는 인상을 준다. 영국인들이 "저 사람은 유머 감각이 있다."라고 말할 때 그 말은 "저 사람은 신사다."라는 최대의 찬사라고 한다.

미국인들이 농담을 좋아한다는 것은 유명하다. 그러나 미국인들이 태어날 때부터 유머 감각이 있었던 것은 결코 아니다. 보이지 않는 곳에서 열심히 유머를 공부한 덕분이다. 비즈니스 리더나 정치인을 비롯해서 사람들 앞에서 이야기할 기회가 많은 사람들은 유머 창고가 바닥나지 않도록 무척 노력한다. 미국 서점에 가면, 유머 관련 코너가 따로 마련되어 있을 정도이다. 책에서 뽑아낸 유머 절반, 상황에 맞는 유머를 절반씩 안배해서 스피치를 준비하는 사람도 많다.

여담이지만, 각 나라의 색깔 차이를 보여주는 이야기가 있다. 누가 농담을 할 때, 절반쯤 듣고서 킥킥거리며 웃기 시작하는 사람은 프랑스 사람, 마지막까지 차분하게 듣고 잘 생각한 다음에 웃는 사람은 영국 사람, 하룻밤을 곰곰 생각하고 나서 다음날 아침에 웃는 사람은 독일 사람, 아직도 그런 옛날식 농담을 하느냐며 더 재미있는 유머가 있다고 말하는 미국 사람, 농담을 알아듣지도 못했으면서 웃는 일본 사람이라는 말이 있다.

나는 강연을 할 때 농담이나 유머를 자주 사용한다. 그런데 경영자들을 대상으로 한 강연에서는 어쩌다 농담을 해도 별로 통하지 않을 때가 있다. "경영 이야기를 하고 있는데 농담이 웬 말이냐. 지금 농담하는 거냐." 이런 뜻이리라. 내가 하고 싶은 말은, 이거야말로 농담이 아니라는 것이다.

경영자들이 마음을 열고 제대로 농담을 공부하면 좋겠다는 생각이 든다.

④ 행동을 촉구하고 성과를 이끌어내는 것 — 뛰어난 경영자는 뛰어난 의사소통 전문가이다

뛰어난 비즈니스 리더는 뛰어난 의사소통 전문가라는 말이 있다. 나는 이 말을 진심으로 깊이 믿는다. 사장은 의사소통을 통해서 자신의 생각과 뜻을 전달하고, 상대방의 의욕에 불을 붙이며, 행동을 촉구하고, 성과를 내게 만든다. 의사소통 능력이 결여된 사람은, 비록 사장이라는 직함을 달고 있다 해도 참다운 의미의 리더 역할을 수행하지 못한다.

지금까지 이야기한 '의사소통의 목적' 가운데 네 번째, 즉 '행동을 촉구하고 성과를 이끌어내는 것' 이 가장 어려운 항목이다. 자기가 실행하고 성과를 내면 되는 것이 아니라, 상대방에게 어떤 행동을 하게 만드는 것이기 때문이다. 그렇게 하려면 "이 사람 말을 믿으면 나에게 좋은 일이 있을 것이다." 하는 기대감과 신뢰감을 상대방 마음속에 심어 주어야 한다. 물론 여기서 행동을 촉구한다는 것은, 싫은데 어쩔 수 없이 행동하게 만든다는 것이 아니다. 스스로 하고 싶은 마음이 우러나서 행동하게 하는 것이다.

그러면 사원에게 행동을 촉구하고 성과를 이끌어내게 하는 의사소통의 핵심은 무엇일까? 결국 그 답은 '인간관계 능력' 에 있다고 나는 생각한다. 이 부분에 관한 이야기를 자세히 해보기로 하자.

잘되는 회사는
회의 방식이 다르다

안 되는 회사의 특징 세 가지

나는 '안 되는 회사의 3요소'라는 말을 늘 외고 다닌다. 3요소란 힘들고 더럽고 위험한 것은 아니고, 접대비와 광고비와 비자금도 아니다. 그것은 바로 다음의 세 가지이다.

- 종이(또는 서류)
- 회의(또는 미팅)
- 위원회(또는 프로젝트 팀 등)

물론 종이, 회의, 위원회라는 3요소를 모두 부정하는 것은 아니다. 하지만 조직의 규모가 점점 커지면 그에 따라 필요 이상으로 이

3요소가 증가하여 어느새 독자적인 행동을 취하기 시작한다. 회사가 종이와 회의와 위원회를 움직이는 것이 아니라, 이 3요소가 회사를 휘두르는 본말전도 양상이 펼쳐지는 것이다.

이렇게 되면 '형식주의', '관료주의', '대기업병' 같은 것이 횡행한다. 그중에서도 특히 문제가 되는 것은 회의의 생산성이 현저하게 떨어진다는 것이다. 목적도 모르는 채 회의를 시작하고, 참석자들은 제멋대로 하고 싶은 말을 쏟아낸다. 그 와중에 이야기는 점점 궤도를 벗어난다. 한참 뒤 정신을 차리고 보면 이미 3시간쯤 지나 있다. 이런 광경이 지금도 어디선가 펼쳐지고 있을 것이라는 생각을 하면 참으로 안타깝기 그지없다.

회의의 80퍼센트는 사전 준비로 결정된다

회의의 생산성을 높이는 데 활용할 수 있는 리스트를 소개한다. 내가 예전부터 사용해 온 '회의 품질 체크 리스트'인데, 다음과 같은 10개의 평가 항목으로 되어 있다. 그 내용을 하나씩 알아보기로 하자.

① 회의의 목적이 사전에 명확하게 전달되었는가?

회의의 목적은 크게 다음과 같은 세 가지로 나누어진다.

- 정보 교환(또는 전달)

- 지시, 명령
- 결정

회의의 목적은 대부분 이 가운데 하나이거나 또는 두세 가지가 섞여 있다. 그런데 현실을 보면, 참석자들이 회의실에 도착할 때까지 이번 회의의 목적이 무엇인지조차 파악하지 못하고 있는 경우가 많다(심지어는 회의가 끝났는데도 무슨 목적으로 회의를 했는지 모르는 경우도 있다).

여러분 회사에서는 회의를 시작하기 전에 미리 참석자 전원에게 회의의 목적을 분명하게 전달하고 있는가? 회의를 시작할 때는 우선 진행자가 참석자들에게 회의 목적을 분명히 밝히는 것이 좋다. 예를 들면 "이번 회의에서는 이달의 영업 성적을 부서 간에 공유하고, 다음 달 목표를 결정하고자 한다." 또는 "이번 회의의 목적은 브레인스토밍을 하는 것이니, 자신의 생각을 모두 꺼내놓는 데 집중하기 바란다. 그 실현 가능성에 관해서는 다음번 회의 때에 함께 이야기했으면 한다." 하는 식으로 말이다.

② 사전 준비가 잘 되어 있는가?

회의 중에서도 특히 어떤 사항을 '결정'하는 것이 목표인 회의의 생산성은 사전 준비로 80퍼센트가 결정된다. 참석자들이 각자 자기 의견이나 결론을 미리 준비해 가지고 회의에 참석하는 경우와 회의실에 도착해서 생각하기 시작하는 경우, 회의의 생산성은 전혀 다를 것이다.

그러므로 회의를 주관하는 측은 미리 참석자들에게 통지를 하여 사전 준비를 촉구할 필요가 있다. 예를 들면 "회의 당일까지 이런 저런 문제에 관해 각자 자기 의견을 정리해 가지고 참석해 주시기 바랍니다." 또는 "회의 2일 전까지 자신의 의견을 저에게 메일로 보내 주십시오."라고 미리 전달해 놓는 것이 도움이 될 것이다.

③ 자료나 기재 등을 미리미리 준비하고 활용하고 있는가?

회의를 할 때는 적어도 두 가지, 즉 시간 배분을 반영해서 작성한 아젠다(의제 목록표)와 프레젠테이션 자료를 준비해 놓아야 한다. 이 부분을 제대로 활용하면 회의를 더욱 구체적으로 진행할 수 있으며, 나아가 생산성도 높일 수 있다.

④ 참석자들의 숫자와 수준은 적당한가?

회의의 목적을 달성하려면 어떤 사람(직위, 전문 분야)이 몇 명 정도 참석해야 가장 적당할까? 신제품 아이디어 회의를 하는데 부장들끼리만 얼굴을 맞대 봐야 논의가 제대로 될 리가 없을 것이고, 불량품의 원인을 규명하는 자리에 제조부 사원이 20명이나 참석할 필요도 없을 것이다. 요컨대 필요한 사람이 필요한 만큼 모이는 것이 중요하다는 말이다.

내 경험으로 미루어볼 때, 12명 이상이 모이면 밀도 높은 논의가 어려워지고, 3~4명이라면 다각적인 시점에서 접근하기가 곤란해 지는 경향이 있다.

회의 시간을 엄수하고 모두가 적극적으로 발언하는 분위기를 만든다

⑤ 시간 관리가 실행되고 있는가?

시간 관리란, 회의가 미리 정해진 시간에 시작되고 정해진 시간에 끝났는가 하는 것이다. 지극히 기본적인 사항이다. '지극히 기본적'이라고 했지만, 사실 회의를 하면서 이것이 제대로 지켜지는 경우는 그리 많지 않다. 내 경험으로 보면, 후하게 계산을 해봐도 대략 전체의 20퍼센트 정도가 아닌가 싶다.

⑥ 지각하는 사람, 중간에 나가는 사람은 없는가?

내가 아직 신참 회사원이었을 때, 회의 시간에 5분 늦은 적이 있었다. 헐레벌떡 회의실에 뛰어 들어가자 상사한테서 이런 불호령이 떨어졌다.

"한 사람이 늦으면, 그 때문에 다른 사람들의 시간이 헛되이 흘러간다. 너는 시간 도둑이다!"

20명이 모여서 회의를 하는데 한 사람이 10분 늦는 바람에 회의 시작이 10분 늦어졌다면, 10분 × 20명 = 200분, 즉 3시간 20분을 헛되이 낭비한 셈이 된다. '10시 시작'이라고 정했다면, 참석자 전원이 10시까지 와서 자리에 앉아 회의 시작을 기다려야 한다. 이런 상식을 갖추고 실천하는 자세를 확립해야 한다.

⑦ 모두가 기탄없이 발언하고 있는가?

지위나 경력, 나이, 성별을 불문하고 누구든지 기탄없이 발언할 수 있는 회의 분위기가 만들어져 있는가?

회의에 참석한 사람이 기탄없이 말하지 않고 있다는 것은, 근본적으로 그 회의에 '자기 의견'이라는 부가가치를 보태지 않고 있다는 말과 같다. 회의에 참석하는 의미가 없다는 말이다. 회의가 제대로 활성화된 곳에서는 "누가 말했나?"가 아니라 "무엇을 말했나?"가 존중되는 법이다.

회의가 끝났을 때

⑧ 회의록을 바탕으로 후속 실행안이 처리되고 있는가?

모든 일이 다 그렇지만, 회의 역시 '끝나면 그만'이 되어서는 안 된다. 회의록에는 "이 회의에서는 무엇을 논의했고, 어떤 것이 결정되었으며, 그다음 행동 계획은 언제까지 누가 맡아서 행하기로 했는가?" 하는 것이 1~2장 정도로 정리되어 있어야 한다. 그리고 그 내용을 늦어도 24시간 안에 모두가 공유하도록 해야 한다.

⑦에서 말한 '기탄없이' 나온 내용과 회의록을 바탕으로 후속 실행안이 마련되지 않는다면, 그냥 모여서 이야기를 나누다가 아무

것도 결정된 것 없이 끝난 회의가 되고 만다.

⑨ 사후평가를 행하고 있는가?

앞에서 언급한 PDC 사이클의 'C'는 회의를 할 때도 적용해야
하는 항목이다.

①에서 말한 '회의의 목적'은 달성되었는가? 혹시 달성되지 않
았다면 원인을 규명하여 대책을 세워야 한다.

C(평가)가 동반되지 않은 P(계획)는 그저 '무계획한 계획'에 지나
지 않는다. 평가가 없는 곳에는 학습도 없고 반성도 없으며, 따라서
개선도 이루어지지 않는다.

⑩ 이 회의가 '정말로' 필요했는가?

회의를 하는 것 자체가 목적이 되어 버리기 쉽다. "처음부터 이
회의가 정말로 필요했는가?" 하는 원점을 망각하기 쉽다는 것이다.
문득 제정신이 들어 회의의 필연성을 따져 봤더니, 사실은 구태여
바쁜 사원들을 한데 모이라고 해서 회의를 할 것까지는 없었다 싶
은 경우가 생각보다 많다. 이 회의가 정말로 필요한지를 일단 회의
적으로 생각해 볼 필요가 있다 하겠다.

지금까지 이야기한 10개 항목을 1장의 표로 정리한 것이 도표
6-1이다. 이 평가 항목은 내 생각을 정리한 것이다. 그러므로 각각

의 상황에 맞게 적절히 항목을 바꾸거나 해서, 여러분 회사에 적합한 체크 리스트를 만들어 보기 바란다. 틀림없이 6개월도 지나지 않아 회의의 생산성이 눈에 띄게 향상되어 있을 것이다.

| 도표 6-1 | 회의 품질 체크 리스트

회의 제목(   )   ____ 월 ____ 일

체크 항목

5 = 매우 만족
1 = 매우 불만족

1. 회의의 목적이 사전에 회의 참석자 전원에게 명확하게 전달   1-2-3-4-5
되었는가?

2. 참석자 전원이 충분히 사전 준비(의견이나 자료 등)를 한 다   1-2-3-4-5
음에 회의에 참석했는가?

3. 회의의 생산성을 높일 수 있도록 자료나 도구를 제대로 준비   1-2-3-4-5
했는가? 그리고 적절히 활용했는가?

4. 참석자의 숫자와 수준(전문 분야나 직위 등)이 회의의 취지   1-2-3-4-5
나 목적에 부합했는가?

5. 회의 시작과 종료 모두 예정대로 진행되었는가? 회의 소요   1-2-3-4-5
시간이 타당했는가?

6. 지각한 사람, 중간에 나간 사람은 없었는가?   1-2-3-4-5

7. 참석자 전원이 기탄없이 발언을 함으로써 회의의 부가가치   1-2-3-4-5
를 높이는 데 공헌했는가?

8. 회의 후에 회의록과 후속 실행안(또는 행동 계획서)이 24시   1-2-3-4-5
간 안에 작성되어, 회의 참석자와 관련자들이 공유할 수 있
었는가?

9. 회의의 본래 목적이 달성되었는가?   1-2-3-4-5

10. 이 회의가 '정말로' 필요했는가?   1-2-3-4-5

합계 점수 _____

개선안   ※회의 품질을 높일 수 있는 구체적인 개선안

관계의 기술,
성공하는 경영자의 핵심 역량

경영인으로서 성공하는 최대의 조건은 무엇인가?

몇 년 전에 어떤 설문조사에 관한 이야기를 들은 적이 있다. 하버드 대학에서 MBA를 수료하고 10년 넘게 비즈니스 경험을 쌓으며 성공을 거둔 엘리트 경영인을 대상으로, "경영인으로서 성공하는 최대의 조건은 무엇인가?" 하는 취지의 설문조사를 했다는 것이다. 그런데 그 결과가 시사하는 바가 매우 컸다. 응답자 대부분이 성공조건으로 꼽은 것은 비즈니스 능력이나 지식이 아니었다. 거의 85퍼센트의 응답자가 '의사소통 능력을 포함한 인간관계 능력'이야말로 최대의 성공 조건이라고 대답했다. 그리고 나머지 15퍼센트가 '업무 능력'이라고 답한 것이다.

나 역시 이런 사실을 뒷받침할 만한 일을 경험한 적이 있다. 내가 대학을 졸업하고 외자계 대기업인 한 석유회사에 입사했을 때의 일이다. 나는 거기서 정말로 똑똑한 선배들을 여럿 만났다. 열띤 논쟁을 할라치면 15분도 안 되어 이쪽을 호되게 박살내어 버리는, 진짜로 두뇌명석 그 자체인 사람들이었다.

그런데 이 수재들이 비즈니스 세계에서 보물단지처럼 떠받들어졌느냐 하면, 그렇지가 않았다. 한 사람은 주류에서 밀려나고, 몇몇은 그만두었으며, 결국 한 사람만 빼고는 아무도 남지 않았다.

업무 능력, 논리력, 지성 같은 것을 따지면 이들을 당할 사람이 없었다. 그러나 이들에게는 근본적으로 문제가 하나 있었다. '인간관계 능력'이 결핍되어 있었던 것이다. 상사에게도 주저 없이 자기 의견을 주장하고, 상대방을 간파하는 능력은 있었다. 그러나 주변 사람들에게 "저 사람과 함께 일하고 싶다.", "저 사람을 다시 만나고 싶다.", "저 사람을 따르고 싶다." 하는 생각이 들게 만드는 인간관계 능력은 갖고 있지 못했다.

KFC의 창업자 커넬 샌더스의 말을 다시 한 번 인용하겠다.

"사람은 논리에 따라서 설득을 당하고, 감정과 이해에 따라서 움직인다."

사람은 감정적인 동물로서 이성이나 논리만으로 움직이지 않는다. 그래서 필요한 것이 '논리(論理) + 감정(感情) = 정리(情理)'이다. 이것이 사람을 움직이게 하는 것이다. 논리를 중시하면서도 정리에 중심축을 놓는 것, 이것이 경영자에게 필요한 균형 감각일 것이다.

부하 직원의 마음을 움직이는 5가지 키워드

앞에서 의사소통의 목적을 이야기하면서, 나는 네 번째 목적으로 '행동을 촉구하고 성과를 이끌어내는 것'을 꼽았다. 반세기에 가까운 내 비즈니스 경험으로 볼 때, 네 번째 목적을 이루어내는 경영자는 예외 없이 모두가 인간관계의 달인이다.

그러면 부하 직원에게 동기를 부여하고 좋은 성과를 만들어내도록 유도하려면, 경영자는 무엇을 해야 할까? 인간관계 능력을 기르기 위해 내가 사장으로 일할 때 중요하게 생각했던 키워드가 있다. 바로 '이미칭감정'이라는 것인데, 하나씩 설명해보기로 하자.

이름을 불러준다

대화를 하면서 상대방의 이름을 불러준다. 미국인들은 이야기를 하면서 상대방 이름을 자주 부르는데, 이런 데 익숙하지 않은 사람이 많다. 이야기 중에 상대방 이름을 자주 부르면 호감도가 크게 올라간다.

재미있는 이야기가 있다. 어떤 실험에서 사람의 귀에 가장 기분 좋게 들리는 소리가 무엇인지를 조사했다고 한다. 그것은 귀뚜라미 울음소리도 아니고, 오케스트라의 아름다운 선율도 아니고, 바로 자기 자신의 이름을 부르는 소리였다. 이 세상에서 자기 자신에게 가장 소중한 사람은 바로 '자기 자신'이다. 인간이라면 누구나 다 그렇다. 그런 자신의 이름을 기억하고 불러 준다면, 그것만으로도 상대방에 대한 마음이나 호감도가 한꺼번에 올라간다. 이처럼 이야기 중에 상대방의 이름을 부르는 것을 네임드로핑(name dropping)이라고 한다.

네임드로핑이라는 말에는 또 한 가지 의미가 있다. 이야기 중에 유명인사의 이름을 줄줄 늘어놓으면서 "어디어디 회사 사장이 내 친구예요." 또는 "정치가 누구누구와 아주 가까운 사이입니다." 하면서 과시하는 것이다. 이런 부정적인 네임드로핑을 하는 사람은 필시 내용물이 비어 있는 껍데기일 테니 가까이 하지 않는 것이 좋다.

미소를 잃지 않는다

의식적으로 항상 미소를 잃지 않는다. 기분 상태가 금방 겉으로 드러나는 경영자는 위험하다. "오늘은 사장님 기분이 좋은 것 같으니까 이것을 들고 들어가자." "오늘은 화가 난 것 같으니까, 안 좋은 보고서는 다음에 올리는 게 좋겠다." 사원들이 이런 식으로 생각하게 되면, 듣기 좋은 소리만 귀에 들어오고 심각한 문제나 나쁜 소식은 안 보이는 곳으로 사라지게 된다. 그러다가 마지막으로 사장 귀에 들어갔을 때는 이미 손쓸 수 없는 사태가 벌어져 있을 수도 있다.

경영자는 감정의 기복이 있어서는 안 된다. 있더라도 얼굴이나 태도에 노골적으로 드러나면 안 된다. 안 좋은 일이 있었다면, 세면

대 앞의 거울을 보고 '스마일' 표정을 만든 다음에 자리로 돌아가
야 한다.

칭찬을 아끼지 않는다

인간은 칭찬을 받으면 기분이 좋다. 잘한 것을 인정해주고 칭찬
을 아끼지 말아야 한다.

일부러 많은 사람 앞에서 호들갑스럽게 칭찬할 것은 없다. 칭찬
해야 한다고 지나치게 의식하다가, 칭찬할 일도 아닌데 칭찬하는
잘못은 범하지 말아야 한다. '그 자리에서 가볍게 한마디'가 딱 좋
다. 회의 끝난 다음에, 복도에서 스쳐 지나갈 때, 밖에서 용무를 마
치고 들어왔을 때, 점심시간에, 한마디 건네는 것이다. "아까 발언
내용 참 좋았어.""그렇게 해서 일이 잘 풀리게 됐네.""그 아이디
어, 재미있던데? 나도 참고가 됐어." 매일 최소한 한 번씩 누군가를
칭찬하는 습관을 가지면 어떨까? 돈 한 푼 안 들이고 할 수 있는 일
이지만, 사원들의 마음을 행복하게 하는 데는 매우 큰 효과가 있다.

존슨앤드존슨 사장직을 그만둔 지 20년이 지났는데도, 가끔 옛
날 직속 부하 또는 그 부하의 부하 직원한테서 만나고 싶다는 전화
나 메일을 받곤 한다. 그러면 만나는 자리를 마련해 이런저런 이야
기를 나누다가 이런 말을 들을 때가 있다.

"제가 평사원이었을 때, 사장님이 복도에서 저를 격려해주신 적
이 있습니다. 그때 얼마나 기뻤는지, 지금도 그걸 잊을 수가 없어

요."

가벼운 '칭찬'이 사원에게는 내가 생각한 것 이상으로 큰 의미가 있었던 것이다. 하루에 한 번, 칭찬하는 습관을 들이는 것은 어떨까?

감사하는 마음을 갖는다

감사하다는 말을 잊지 말아야 한다. 부하 직원이 뭔가 고마운 일을 해주면 "고맙네." 하고 감사의 말을 전한다. 마음속으로 아무리 고맙다고 생각해도 입으로 표현하지 않으면 부하 직원은 모른다.

반대로 감사하다는 말은 입에 달고 살면서 마음속으로는 전혀 고맙다는 생각을 하지 않는다면, 이것도 큰 문제다. 사원은 경영자가 생각하고 있는 것 이상으로 경영자의 말과 행동을 주시하고 있다. 실은 별로 고마워하지도 않으면서 말로만 고맙다고 하는 사장의 뻔히 보이는 속을, 사원은 순식간에 간파한다. 회사가 돌아가는 것도, 자신이 경영자로서 살 수 있는 것도 모두가 사원들이 열심히 일해 주고 있는 덕분이다. 이런 마음을 잊어서는 안 된다.

물론 감사하는 마음을 전달해야 하는 대상은 사원뿐만이 아니다. 예를 들어, 강연회나 그 밖의 모임에서 명함을 주고받았을 뿐인데 다음날 바로 메일이나 엽서를 보내주는 사람이 있다고 해보자. 감사하다는 마음을 담아서 말이다. 이렇게 상대방의 마음을 헤아릴 줄 아는 감각의 소유자한테는 누구나 호감을 가질 것이다.

정중하게 대한다

상대방을 정중하게 대하자. 사장이라고 아랫사람에게 고압적인
자세로 일관해서는 안 된다. 참된 인간은 상대방에 따라서 쉽게 태
도를 바꾸지 않는다. 껍데기 인간일수록 윗사람한테는 굽실거리고
아랫사람에게는 잘난 척하는 법이다.

경영자와 사원의 적당한 거리감

경영자는 사원들과 어느 정도 거리를 두어야 할까? 이것도 상당히
어려운 문제이다. 나는 사원들과 가깝게 지내면서 함께 술을 마시
러 가기도 했는데, 얼마 지나지 않아서 이런 행동이 좋지 않다는 것
을 알게 되었다. "사장님은 왜 저쪽하고만 마시러 가고 우리랑은
안 가는 거지?" 이러한 목소리가 들려오기 시작한 것이다.

그렇다고 해서 오로지 업무로만 관계를 유지하는 것도 재미없는
일이다. 가까운 자리에서 일하는 부하 직원이 독신인 줄 알았는데,
알고 보니 세 아이의 아버지였다고 해보자. 이 얼마나 삭막한가?
너무 가깝지도 않고 소 닭 보듯이 소원한 관계도 아닌, 적당한 거리
를 유지하려면 어떻게 해야 할까?

고민 끝에 내 나름대로 내린 결론이 있다. 경영자의 모습에서는
경외감이 느껴지는 것이 바람직하다. 경외란 존경하는 마음에 약
간의 두려움이 섞여 있는 감정이다. 단순한 경애보다는 조금 더 엄
격하다. 그러나 두려움이 느껴질 정도로 가까이 하기 어려운 존재

도 아니다. 경영자는 부하 직원에게 이렇게 비쳐야 한다.

주변에 꼬이는 사람들은 어떻게 할까?
믿었던 사람에게 배신을 당했을 때는?

인간관계 능력을 이야기할 때 빼놓을 수 없는 것이 또 하나 있다. 주변에 꼬이는 사람들과 어떻게 관계를 풀어가야 할 것인가 하는 문제다. 경영자 자리에 앉아 있으면 "인사나 좀 드릴까 해서요." 또는 "앞으로 서로 잘 지냅시다." 하면서 이런저런 사람들이 바짝 접근해 온다. 기본적으로 이렇게 다가오는 사람들은 모두가 비즈니스와 관련된 모종의 꿍꿍이를 품고 있다고 단정하는 것이 좋다.

나라는 인간이 마음에 든다며 누군가 다가온다면, 그거야말로 기쁘고 감사한 일이다. 그러나 그렇게 갸륵한 생각을 하는 사람은 거의 없다고 봐야 한다. 많은 사람들이 두 손을 비비면서 생글생글 웃는 얼굴로 다가온다. 하지만 나라는 한 인간에게 매력을 느끼고 다가오는 것이 아니라, '대표이사' 또는 '사장'이라는 타이틀에 붙어 있는 떡고물에 이끌려서 오는 것이다. 그러므로 내가 그 자리를 떠난다면 더는 가까이 다가오지 않을 사람들이라고 보는 것이 옳다.

실제로 내 경험을 비추어 봐도 그렇다. 사장직을 맡고 있을 때 알게 된 사람들 중에서, 내가 현역 사장에서 물러난 지 10년이 지난 지금까지도 가까운 관계를 유지하는 사람은 3퍼센트 정도에 지나지 않는다(그러나 고맙게도 앞으로 남은 인생에 마음의 벗이 될 사람을 만난 것도 사실이다).

뭐든지 다 의심하고 보라는 말이 좀 삭막하긴 하지만, 사실이 그렇다. 현란한 언변을 구사하면서 가까이 다가와서, 이쪽이 마음의 문을 조금 열라치면 치사하게 금방 장삿속을 드러내는 사람이 있다. 이런 사람에게 넘어가는 날에는, 곧바로 불행한 일이 생길 수 있다.

또 한 가지, 많은 사람들이 조언을 구하는 문제가 있다. 믿었던 심복이나 사원에게 배신을 당했을 때 어떻게 하는 것이 좋은가 하는 것이다.

한솥밥을 먹던 사이니까 이놈만큼은 나를 알아줄 것이라고 생각해 전폭적으로 믿었는데, 어느 날 갑자기 경쟁 회사를 창업하는 경우가 있을 수 있다. 불과 2주 전만 해도 "앞으로도 계속 사장님만 믿고 따를 겁니다." 하면서 믿음직한 모습을 보여주던 '오른팔'이, 조금 좋은 조건을 제시했다고 손바닥 뒤집듯이 경쟁 회사로 옮겨가는 경우도 있을 수 있다. 믿었던 사람한테 배신당하는 것만큼 정신적인 충격이 심한 일도 없다. 나도 그런 경험이 있어서 안다.

그러나 아무리 화를 폭발시켜 본들, 엎질러진 물을 다시 그릇에 담을 수는 없다. 앞에서 이야기한 '자기 책임'이라는 말을 상기해 주기 바란다. 지금 받는 보수에 얼마 되지도 않는 웃돈을 얹어준다고 냉큼 가버린 인간을 믿은 사람은 바로 나다. "이런 사장 밑에서라면 앞으로도 계속 일할 수 있겠다."라는 확신을 상대방에게 심어

주지 못한 사람 또한 나다. 모두가 내 책임인 것이다. 이 단순 명쾌한 결론을 기억해두는 것이 좋다.

내 밑에서 떠나간 상대에게 화를 내는 것은 시간 낭비일 뿐이다. 그것 말고도 경영자에게는 해야 할 일이 산더미같이 많다. 반성할 점을 반성했으면, 그다음은 앞을 보고 나아가는 일밖에 없다. '사람 보는 눈'이라는, 경영자로서 갖추어야 할 가장 중요한 능력을 기르는 수밖에 없다.

외롭고 지칠 때
힘이 되는 한마디

강한 마음이 없으면 경영자가 될 수 없다

바로 앞에서 한 이야기를 생각해 볼 때, 경영자에게 꼭 필요한 것이 바로 '강인함'이라는 것을 알 수 있다.

여기서 말하는 강인함에는 두 가지가 있다. 하나는 육체적인 강인함이고, 또 하나는 정신적인 강인함이다. 훌륭한 경영자로 평가되고 있는 마쓰시타 고노스케는 실은 병약한 편이었으나, 훌륭한 인재들을 주변에 배치함으로써 자신의 약점을 극복했다. 그러나 이는 매우 예외적인 사례이다. 기본적으로 사장은 육체적으로나 정신적으로 강해야 한다. 육체적으로는 이틀쯤 철야를 해도 별 무리가 되지 않는 정도의 몸을 유지하도록 하자. 체력 이상으로 요구되는 것이 정신적인 강인함이다.

사장과 부사장 사이의 거리는 부사장과 운전기사 사이의 거리보다 더 멀다. 중요한 일을 최종적으로 혼자서 결정해야 하는 책임감과 중압감, 자기 자신이 올바른 방향으로 나아가고 있는지 그리고 회사가 나아갈 길을 제대로 제시하고 있는지에 대한 걱정스러움, 믿고 있던 부하 직원이 언제 배신할지 모른다는 불안감, 고객이 떠날 수도 있고 은행이 등을 돌릴 수도 있고 자금 융통이 막힐 수도 있다는 두려움 등등. 이런 불안함은 실제로 경영자의 입장에 있어보지 않으면 모른다.

나는 2년 동안 상무에서 전무를 거쳐 사장으로 승진한 경험이 있다. 사장이 되었을 때의 심리적인 중압감과 책임감은 전무일 때와 비교가 되지 않았다. 전무나 부사장이라면, 정말로 어려운 일이 생겼을 때 "도와주십시오!" 하고 부탁할 데가 있다. 그러나 사장은 최종적인 의사결정자이다. 회사 안에 의탁할 사람이 없다. 고독과도 싸워야 한다. 이런 상황에 맞서지 못하는 사람, 즉 마음이 강인하지 못한 사람은 사장이라는 자리에 있어서는 안 된다. 모든 중압감을 받아들이면서 필요한 결단을 내릴 수 있는 인물이 못 되면서 수장 자리에 머무른다는 것은, 자기 자신한테는 물론이고 사원들한테도 불행한 일이기 때문이다.

강인함을 유지하는 다섯 가지 방법

사장이 강인한 마음을 유지하려면 어떻게 해야 할까? 내가 실천한 방법을 몇 가지 소개할까 한다.

① 꿈을 그린다

우선 "언젠가는 이러이러한 회사를 만들 것이다." 하는 꿈을 그린다. 마음속에 꿈이나 비전이 있고, 그다음에 꿈을 실현시키는 전략이 있다. 비록 지금은 몹시 힘들고 어려워도 꿈을 향해 한 걸음씩 나아가고 있다고 생각하면, 틀림없이 마음에 힘이 될 것이다.

② '실패' 라는 말을 추방한다

한번 넘어지면 다시는 일어날 수 없을 때, 이것을 '실패' 라고 한다. 이에 반해 비록 넘어져도 다음에 어떻게 노력하느냐에 따라 역전의 공을 날릴 수 있다면, 이것을 '좌절' 이라고 부른다.

나는 내 사전에서 '실패' 라는 말을 철저히 추방했다. 아무리 힘든 상황이 벌어져도 '이것은 실패가 아니라 좌절이다' 라고 다짐했다. 그렇게 마음의 채널을 돌리면, 어떤 식으로든 다시 난국을 헤쳐 나갈 수 있는 길이 열린다. "봄 없는 겨울은 없다."라고 하는 희망과 용기가 샘솟는 것이다.

③ 책에서 마음의 위안을 받는다

나는 비즈니스 인생을 살아오면서 많은 책에서 마음의 위안을 받았다. 책에서 읽은 구절 중에 아직도 마음에 새기고 있는 말이 있다.

"좋은 일만 앞으로 계속된다는 것은 있을 수 없는 일이다. 나쁜 일만 계속 일어나는 경우도 없다. 고난의 시절이 와도 '이런 일도 있구나.' 하고 가볍게 넘기면, 머지않아 바람도 방향을 바꾼다."

나는 무슨 일이 있을 때마다 이 말에서 힘을 얻었다. 이처럼 마음의 위안이 되는 책을 가까이 하는 것도 좋은 방법이다.

④ 설마 죽기야 하겠느냐고 생각한다

회사 실적이 떨어지고 신뢰했던 부하 직원이 그만두는 등 정말로 어렵고 힘든 상황이 벌어졌다고 해보자. 그렇다고 해도 일어날 수 있는 최악의 사태란 사장 자리에서 잘리는 정도다. 일을 잘못했다고 목숨까지 위태로워지는 일은 없다. 또 잘렸다 하더라도, 경영자로서 역량을 쌓고 좋은 인맥을 만들어 왔다면 굶어죽을 일도 없다. 이런 내공을 갖고 있다면 웬만한 일쯤은 다 참아낼 수 있을 것이다.

⑤ 환경을 바꾼다

마음이 지쳤다 싶으면, 자신에게 맞는 방법으로 환경을 바꿔본다. 같은 곳에 계속 있으면 머릿속도 같은 문제에 계속 사로잡혀서 좀처럼 거기서 벗어나기가 어렵다. 그래서 의식적으로 환경을 바꿔야 하는 것이다.

내 경우에는 여행을 떠나 한동안 일상에서 벗어나거나 뮤지컬이나 오페라 또는 영화 관람을 하는 것이 기분 전환을 하는 데 유용했다. 아니면 마음이 맞는 친구들을 만나 시끌벅적 떠드는 것도 좋다. 자신의 성격이나 시간, 예산 등에 맞는 방법으로 환경을 바꾸면 된다. 뛰어난 경영자들 중에는 기분 전환 전문가가 많은데, 기분 전환을 할 수 있는 좋은 방법이 바로 환경 전환이다.

오랜 비즈니스 인생에서 가장 도움이 되었던 말

42세에 존슨앤드존슨으로 자리를 옮긴 뒤 미국 뉴저지의 총본사로 출장 갔을 때의 일이다. 당시 회장이던 제임스 버크(James E. Burke)가 강연 중에 이런 말을 했는데, 나는 그 말을 지금도 잊을 수가 없다.

"어떤 일을 해서 좋은 결과를 얻고 싶다면, 모름지기 모든 일을 'FUN' 하게 해야 한다."

아마도 그 의미는 이런 것이었을 것이다. "열심히 어떤 일을 할 때 '진지' 하게 한다는 것은 아주 바람직한 일이다. 그러나 '심각' 해져서는 안 된다. 어차피 해야 할 일이라면, 즐겁게 해라. 그러면 틀림없이 좋은 결과가 나올 것이다." 나는 이 말 때문에 인생이 크게 바뀌었다.

내가 경영자로서 해온 경험을 보면, 즐거웠던 일보다 힘들었던 일이 더 많았다.

그러나 힘들다고 느낄 때, 내 안에 언제나 떠오르는 생각이 있었다. 비록 지금은 이렇게 힘들고 눈물이 나더라도 5년, 10년이 지나면 그 아픔이 치유되리라는 것이었다. 여러분도 틀림없이 동의하리라고 생각한다. 지금까지의 인생을 가만히 생각해보기 바란다. 당시에는 머리를 쥐어뜯을 정도로 힘들었던 일이, 몇 년이 흐른 지금까지도 밤잠을 못 이룰 만큼 자신을 괴롭히고 있는 경우는 거의 없지 않은가? 아무리 힘들고 괴로운 경험일지라도 시간이 지나면 추억이 되는 법이다.

역경에 부딪칠 때마다 그 자리에 서서 울고 있을 만큼 인생은 길지 않다. 아무리 힘든 일이 있어도 그때만 잘 넘어가면 된다. 크든 작든 매일같이 일어나는 일에 너무 과민하게 대응하는 것은 손해 보는 일이다.

7장

인재,
경영자가 놓쳐서는
안 되는 중요한 임무

좋은 실적을 거두기 어려운 시기에 어떤 비용부터 줄일 것인가? 여기서 경영자의 철학이 단적으로 드러난다. 비록 불황이더라도 교육비를 절대 줄이지 않는 회사가 있다. 이런 회사에서는 틀림없이 훌륭한 경영자 밑에서 훌륭한 인재들이 커가고 있을 것이다. 여러분은 과연 어떤 비용에 손을 대고, 어떤 비용을 사수할 것인가?

사람을 기르는 것이
최고의 투자다

후계자를 기르지 않는다면 아무리 잘해도 50점

내가 존슨앤드존슨 사장으로 취임했을 때, 당시 회장에게 두 가지 이야기를 들었다고 언급한 바 있다. 그중 하나가 "실적을 올릴 것. 그러나 그 어떤 경우라도 윤리적으로 문제가 있는 일은 절대로 해서는 안 된다."고 하는 것이었다. 그때 들은 한 가지 이야기가 바로 다음과 같은 것이었다.

"앞으로 몇 년간 당신이 사장으로서 아무리 뛰어난 실적을 올린다 하더라도, 사장직을 그만둘 때까지 후계자를 육성하지 못한다면 나는 당신에게 50점 이상을 줄 수 없다."

이 말은 듣는 순간 바로 내 마음속에 깊이 새겨졌다. 인재 육성과 후계자 육성은 경영자가 반드시 생각해야 할 중요한 과제라는 것.

회장은 사장에 갓 취임한 나에게 그것을 아주 명쾌하게 가르쳐주었다.

인재 육성을 투자라고 생각할 수 있는가?

사람을 기르는 일은 중요하다. 그 중요함을 이르는 말은 참으로 많다.

"돈을 남기는 것은 하(下), 일을 남기는 것은 중(中), 사람을 남기는 것은 상(上)의 일이다."

"1년을 생각한다면 곡식을 심고, 10년을 생각한다면 나무를 심으며, 100년을 생각한다면 사람을 길러라."

훌륭한 경영자는 절대로 사람을 도구로 취급하지 않는다. 자산으로 취급한다. 인재 육성을 비용으로 생각하지 않고 투자로 간주하는 것이다.

훌륭한 기업들은 사람을 육성해 왔다. 마쓰시타 고노스케도 "우리 회사는 사람을 만듭니다. 그런 다음에 물건을 만듭니다."라는 말을 했고, 도요타자동차도 "물건을 만들기 전에 사람을 만든다."는 말을 모토로 삼았다.

경영이라는 말의 어원은 불교 용어로서 사람을 기른다는 의미가 있다. 기업의 훌륭함을 가리는 근원이 '사람'에 있다는 것을 이 말이 가르쳐 주고 있다(한마디 덧붙이자면, 나는 '물건의 품질보다 사람의 품질'이라는 말을 쓰고 있다).

경영 환경에 거센 겨울바람이 몰아치면, 기업들은 '5비'라는 다섯 가지 경비를 삭감하려고 한다. 접대비, 교통비, 광고선전비, 연구개발비, 교육연수비가 그것이다. 경영의 원리원칙을 아는 경영자라면 접대비, 교통비, 광고선전비부터 줄일 것이라고 나는 생각한다. 회사가 매사를 장기적으로 바라보고 있다면, 연구개발비나 교육연수비는 그리 간단히 줄일 수 있는 것이 아니기 때문이다.

좋은 실적을 거두기 어려운 시기에는 어떤 비용부터 줄여야 할까? 여기서 경영자의 철학이 단적으로 드러난다. 비록 불황이더라도 '우리 회사는 교육비를 절대 줄이지 않을 것'이라고 선언하는 회사가 있다. 이런 말을 들으면, 그 회사는 틀림없이 훌륭한 경영자 밑에서 훌륭한 인재들이 커 가고 있을 것이라는 생각이 든다. 여러분은 과연 어떤 비용에 손을 대고, 어떤 비용을 사수할 것인가?

아무리 능력이 뛰어나도 가치관이 다르면 후계자로 삼을 수 없다

경영자의 업무 중에서 특히 중요한 것이 후계자 육성이다. 장차 우리 회사를 짊어지고 나갈 인재로 적합한 인물은 누구인가? 나는 여기서도 행렬을 사용해 생각을 정리했다. 도표 7-1과 같이 가로축은 '능력과 실적'으로, 세로축은 기업 이념을 비롯한 '가치관과 마음의 공유'로 설정해서 만든 행렬이다.

잠깐만 훑어봐도, 오른쪽 위에 들어가는 인물이 후계자 후보로서 가장 유력하고, 왼쪽 아래에 들어가는 인물은 논외라는 것을 금방 알 수 있을 것이다. 여기서 주의해야 할 것이, 오른쪽 아래와 왼

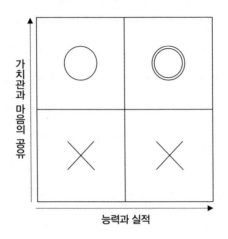

| 도표 7-1 | 후계자 선택 행렬

가치관과 마음의 공유 (세로축)

능력과 실적 (가로축)

쪽 위에 들어가는 인재들을 어떻게 취급할 것인가 하는 부분이다.

실적은 올리지 못하고 있으나 가치관과 마음을 공유하는 인재

실적은 올린 것이 없지만 가치관이 일치하는 인재는, 실적만 올릴 수 있게 된다면 후계자 후보가 될 수 있다. 시간은 좀 걸릴지 모르겠으나, 선택 후보로 남겨 두어도 좋은 인재라 할 수 있다. 영어로 "Hire for character. Train for skill."이라는 말이 있다. "채용할 때는 사람됨을, 훈련할 때는 능력을."이라는 의미다.

능력도 있고 실적도 좋으나 가치관과 마음을 공유하지 못하는 인재

이 구역에 들어가는 인재는 '힘도 있고 일도 열심히 하며 성과도 올리고 있지만 언제 반기를 들고 일어날지 모르는' 반역 후보이거나, 겉으로는 복종하고 있지만 언젠가는 배신할 수도 있는 위험 인물이다. 우리 회사의 장래를 맡길 수 있는 인물이라고는 볼 수 없다.

수많은 회사 사장들이 갈피를 못 잡고 망설이다가 판단 착오를 일으켜 후계자로 지목하는 것이 이 구역에 들어가는 인재이다. 절대로 잘못 판단하는 일이 없도록, 이 행렬을 오랫동안 보고 또 보면서 후계자를 선별하는 안목을 길러야 할 것이다.

중소기업의 경우에는 창업주의 아들이나 가족에게 사장 자리를 물려주는 일이 적지 않다. 가족 경영이라고 하면 내부 담합의 리스크가 따르기 때문에 그다지 좋은 인상을 갖고 있지 않은 사람도 많을 것이다. 그러나 여기서도 본질은 가치관의 전승이다. 섣불리 능력만 보고 외부에서 사람을 데려오는 것보다는, 비록 능력은 좀 미숙하더라도 창업자인 선친의 생각을 깊이 이해하고 있는 가족이 더 나을 수 있다. 그리고 그쪽이 사원들에게도 설득력이 있다.

그러나 이때 경영자가 해야 할 일이 있다. 아들이 되었건 딸이 되었건 간에, 후계자로 지목을 했으면 경영의 아수라장을 미리 겪어보게 해야 한다. 귀엽다고 과보호를 하는 것은 금물이다. 다른 회사에서 혹독한 업무 경험을 쌓게 하거나, 가장 어려운 분야에 담당자나 책임자로 앉혀 볼 수도 있다. 또 혁신 팀을 이끌어보게 하거나, 신규 상품 도입을 책임지게 하거나, 자회사 경영을 맡기거나, 해외

거점을 개척하라고 시킬 수도 있을 것이다. 후계자에게는 수많은 경험을 통해서 경영 능력과 인간 됨됨이와 리더십 등을 갈고 닦게 해야 하는 것이다. 부자가 3대 못 간다는 말이 있다. 그런 잘못을 범하지 않을 수 있는 최고의 방법이 바로 밑바닥 경험인 것이다.

후계자 육성은 10년을 내다봐야

후계자 선택은 어느 정도의 시간을 두고 준비해야 할까? 만전을 기하려면 10년은 필요하다. 중소기업이라면 경영자가 50~55세 정도 되었을 때, 10년 앞을 내다보고 후보 선택을 시작해야 할 것이다. 그러나 후보가 정해졌어도 명확히 구체화되기 전에는 이름을 거론하지 않는 것이 좋다. 시간이 지나면서 처음에 생각했던 것과 다른 쪽으로 사람이 변할 가능성도 있기 때문이다.

후보로 생각할 만한 인물이 하나가 아니라 여럿이 눈에 띈다면 더 좋다. 오랜 시간에 걸쳐 각각에게 과제를 맡겨 보면서, 경영자로서 적합한 인물이 누구인지, 담식을 갖춘 인물이 어느 쪽인지를 파악하는 것이다.

반면에 애석하게도 회사 안에서 인물을 발견하기 어려운 경우도 있을 것이다. 이럴 때는 외부에서 적당한 인재를 찾아야 한다. 다시 말하지만, 이때도 가장 먼저 생각해야 할 것은 '가치관과 마음을 공유할 수 있는 인재'인가 하는 점이다. 마음이란 사랑과도 통한다. 함께 있으면 마음이 불편한 사람, 어딘가 잘 안 맞아떨어지는 사람은 후계자로서 적합하지 않다.

사장직에서 물러나기에 적당한 시기

후계자 문제와 맞물려 있는 것이 경영자 자신의 퇴임 시기이다. 내 경험을 바탕으로 이야기하자면, 경영자의 나이가 40대 중반을 넘어섰다고 할 때 열심히 전력투구하여 사장직을 수행할 수 있는 기간은 최대 6년 정도로 잡는 것이 적당하다고 생각한다.

존슨앤드존슨에서 나는 8년간 사장으로 있었다. 정작 나 자신은 예기치 못하게 2년이나 더 오래 있었는데, 사실 7년째 접어들면서부터는 상당히 힘이 들었다. 사장직은 격무에 시달리는 자리다. 말 그대로 전력을 다해 사장의 업무에 매진하다 보면, 체력적인 면에서는 말할 것도 없고 정신적으로도 창조적인 아이디어가 나오기 어렵다. "아, 이제 슬슬 사장에서 물러날 때가 되었다는 신호구나." 하는 생각이 들었다.

경영자의 거취 문제는 대단히 중요한 사안이다. 자리에 오를 때는 다른 사람에게 등을 떠밀려서 오르지만, 그만둘 때는 자신의 의사에 따라 그만두어야 한다는 말을 많이 한다. 실제로 '진짜 경영자'는 그만둘 때 정말로 미련 없이 깨끗하게 그만둔다.

그러나 현실적으로 보면, 인간은 약하고 사장 자리는 달콤하다. 비서가 있고, 접대비가 나오고, 경우에 따라서는 기사가 딸린 자가용도 쓸 수 있다. 모든 사람이 생글생글 웃으면서 다가온다. 격무는 힘들지만, 한편으로는 어느새 달콤한 꿀맛에 길이 들어 "한 번만 더 하자." 하는 결정을 내리는 것이다. 그러나 체력이나 정열이 뒷받침되지 않는 인물이 수장 자리에 있어 본들, 회사의 성장을 가로막는 존재밖에 더 되겠는가? 바로 그런 이유에서 미련 없이 떠나는 모습과 그만두는 결단력이 주목을 받는 것이다.

나는 경영자가 물러나는 시점으로 적당한 시기를 두 가지 꼽을 수 있다고 생각한다. 하나는 "취임 중에 이러저러한 숫자를 달성하는 것을 목표로 삼는다."고 스스로 정해 놓고, 그것을 이루었을 때 깨끗이 물러나는 것이다. 숫자라고 하는 알기 쉬운 기준을 설정해 놓고, 그것을 떠나는 시점으로 정해 두는 것이다. 그리고 또 하나는 후계자 육성이 끝났다는 느낌이 왔을 때이다.

결심이 흔들리는 것이 두렵다면, 종이에 써서 수첩에 붙여 놓아도 좋을 것이다. 아니면 마음을 털어놓을 수 있고 신뢰할 수 있는 일부 간부 사원들에게 말해 놓는 것도 좋다.

그러다가 "역시 이 회사는 내가 없으면 안 되겠어."라는 생각을 하기 시작할 수 있다. 이거야말로 노쇠함의 극치라고 나는 생각한다. "사장님이 없으면 안 됩니다.", "아직 젊으신데요, 뭘." 이런 소리가 들려오거든, 속으로는 그와 반대되는 생각을 하고 있다는 것을 깨달아야 한다.

한 가지 덧붙이자면, 알맹이 없는 명예직은 고사해야 한다는 것이다. 후임 사장의 성장을 더디게 만들 뿐이며, 회사로서도 좋은 것이 하나도 없다. '명예대표이사회장' 쯤 되면 당신은 만화 속 캐릭터가 된다.

배우는 마음을
내려놓지 않으면 늙지 않는다

배우면 늙어도 쇠하지 않으며 죽어도 썩지 않는다

강연하는 자리에서 나는 경영자들에게 이런 말을 자주 한다.

"지금 사장님의 유효기간은 길게 잡아야 3년입니다. 어쩌면 2년 만에 못 쓰게 될지도 몰라요."

경영 환경이 크게 변해 가고 있는데 경영자가 지금과 똑같은 자리에 머무른다면, 정말로 단 2~3년 만에 못 쓰게 될 것이다. 그러므로 경영자는 약간의 시간과 돈을 들여 자기 자신에게도 투자를 해야 한다. 끊임없는 자기 개혁을 통해, 경영자인 자신의 시장가치를 높여 가야 하는 것이다.

에도 시대의 유학자인 사토 잇사이(佐藤一齊)는 〈언지사록(言志四錄)〉에서 다음과 같은 말을 남겼다.

"少而學　則壯而有爲

壯而學　則老而不衰

老而學　則死而不朽"

"젊었을 때 배우면 나이가 들어서 큰일을 할 수 있다. 나이가 들어서 배우면 늙어도 쇠하지 않는다. 늙어도 계속 배우면 죽어도 썩지 않는다."라는 말이다.

그러면 경영자는 무엇을 계속 배워야 할 것인가? 나는 이것을 '유용한 배움'과 '무용한 배움'으로 나누어서 이해하고 있다.

'유용한 배움' 뿐만 아니라 '무용한 배움'도 배워라

경영자에게 중요한 것은 물론 경영과 관련된 지식이다. 이와 관련된 정보는 각종 서적, 강연회, 세미나, 경영자들의 모임이나 학교 등 다양한 곳에서 많이 얻을 수 있다. 이것은 경영 업무와 직결되는 '유용한 배움'이다.

경영 업무에 직결되는 것은 아니지만 또 하나 주목해야 할 것이 '무용한 배움'이다. 간접적으로 경영에 도움이 되는 공부라고 해도 될 것이다. 역사책이나 철학책을 읽는 것도 여기에 속한다. 또 마음을 풍요롭게 할 수 있는 문화예술을 접하는 것도 좋을 것이다.

이와 같은 '무용한 배움' 속에서 '유용한 배움'만으로는 얻을 수 없는 인간의 폭과 깊이가 우러나온다고 나는 생각한다. 즉, 단순한

'경제 동물' 의 영역을 벗어날 수가 있는 것이다. 차곡차곡 쌓인 '무용한 배움' 은 다양한 의사결정 자리에서 뜻밖에 빛을 발할 것이다. 얼핏 보기에는 비즈니스와 관계없는 것처럼 보이지만, 사실은 경영자가 꼭 갖추어야 할 인간적인 힘이 여기서 길러진다.

인간은 본래가 게으름뱅이다. 공부를 하겠다고 아무리 굳은 결심을 했어도, 3일이 지나면 그 마음이 흔들리고, 5일이 지나면 깨끗하고 산뜻하게 잊어버린다. 회사에서 아침부터 밤까지 정신없이 업무에 시달리며 하루하루 지내다 보면, 5년이나 10년은 눈 깜빡할 사이에 지나간다. 그 사이에 늘어난 것이라곤 흰머리와 뱃살과 스트레스뿐, 경영자로서의 멋진 연륜 같은 것은 보이지도 않는다.

그렇기 때문에 게으름뱅이건 아니건 간에 배우고 공부할 수밖에 없는 환경을 만들어 놓아야 한다. 예를 들면 한 달에 적어도 한두 번은 이런저런 경영자 모임에 참석한다. 그리고 하루에 적어도 30분이나 1시간은 책을 읽는 데 충당한다. 아직 이런 것들이 습관화되어 있지 않다면, 오늘부터 당장 하루 스케줄 안에 '유용한 배움' 과 '무용한 배움' 에 쓸 시간을 쪼개 넣기 바란다.

바쁘다는 핑계로 배우기를 게을리 해서는 안 된다. 경영에서는 '사람 만들기' 가 중요하고 '조직 만들기' 가 중요하다고들 한다. 그러나 무엇보다 중요한 것은 사장 자신이 자기 개발을 게을리 하지 않는 것이다. "회사 만들기는 사람 만들기, 사람 만들기는 나 자신 만들기." 이것은 내가 만든 말이다.

피터 드러커의 말을 다시 인용한다.

"훌륭한 경영자들의 공통점은, 매일 매일 자기 점검을 게을리
하지 않는다는 것이다."

겸손과 자신감은
함께 다닌다

회사가 도산하는 첫 번째 원인은 사장의 오만함

도산한 회사의 사장들이 모여서 만든 '팔기회(八起會)'라는 모임이 있다. 어느 날 그 모임에서 '자기 회사가 도산하게 된 가장 큰 이유'가 무엇인지에 대해 이야기를 나누었는데, 그 결과 다음과 같은 결론이 나왔다.

첫 번째가 오만함이었다. "나는 다 안다. 누구보다도 제품에 관한 지식이 많다. 이 업계에 대해서도 구석구석 모르는 게 없다. 내가 하는 말은 절대로 옳다. 이제는 더 배울 것이 아무것도 없다." 이런 오만함이 회사를 망하게 만들었다는 것이다. 이어서 두 번째는 "경영의 원리원칙을 공부하는 데 태만했다."는 것이었고, 세 번째는 "다음 세대를 이어갈 간부 사원 육성을 게을리 했다."는 것이었다. 그리고 네 번째가 "판매하는 상품이나 서비스 개발이 충분히 이루어지지 않았다."는 것이었다.

여기서 이미 여러분은 눈치 챘을지도 모르겠다. 실은 첫 번째부터 세 번째까지 이유가 모두 '사장' 한테서 기인한 문제라는 것이다. 사장의 오만, 사장의 공부 부족, 사장의 인재 육성 태만이 다 사람 문제였다. 그리고 네 번째에 가서야 비로소 상품이나 서비스 이야기가 등장한다. 옳건 그르건 간에 회사의 운명은 수장의 마음가짐과 행동에 크게 좌우된다는 말이다.

팔기회의 도산 회사 사장들이 가르쳐 주고 있는 중요한 교훈은 "절대로 오만해서는 안 된다."는 것이다. 오만함을 뒤집어 보면, 남의 말에 귀를 기울이는 자세를 잃지 말아야 한다는 겸허함이 자리 잡고 있다는 것을 알 수 있다.

일상적인 업무 속에서 겸허함을 단적으로 드러내는 것이 '메모하는 자세'이다. 사회적 지위가 높은 사람인데도 참고할 만한 이야기라고 생각되면 상대를 가리지 않고 메모하고 배우려는 마음을 가진 사람이 있다. 이와 관련해서 내 기억 속에 선명하게 남아 있는 에피소드가 하나 있다.

존슨앤드존슨 사장 시절에 거래처 사람의 결혼식에 초대를 받아 나고야에 간 적이 있었다. 나고야 결혼식이라고 하면 무엇보다 화려하게 치르는 것으로 유명하다. 결혼식을 진행하는 시간도 길고 축사를 하는 사람도 10명 이상이 될 때가 있다. 내가 초대받은 결혼식도 그런 자리였다.

한동안은 점잖게 앉아서 축사를 듣고 있었다. 그런데 10명을 넘어갈 때쯤 되자, 진지하게 축사를 듣기가 슬슬 지겨워지기 시작했다. "소문으로 듣던 것 이상이네요." 나는 이런 말이라도 걸어볼 생각으로 같은 테이블에 앉아 있는 손님들에게 시선을 돌렸다. 그런데 그때 놀라운 장면이 눈에 들어왔다.

내 옆에 앉아 있던 사람은 일용품 제조회사 사장이었다. 당시는 아니었지만, 나중에 놀라운 성장을 일구어낸 것으로 유명해진 사람이다. 그런데 이 사람이 손바닥만 한 수첩에 무엇인가를 열심히 적고 있었다. "도대체 뭘 그렇게 열심히 적고 계십니까?" 하고 물으니 이런 대답이 돌아왔다.

"네, 꽤 좋은 말씀을 해주고 계셔서요. 좋은 공부를 하고 있습니다."

그 사람은 내빈들의 길고 긴 이야기를 들으면서 메모를 하고 있었던 것이다. 나는 그 모습에서 깊은 감명을 받았다. 아울러 앞으로 몇 사람 이야기를 더 들어야 하나 싶어서 짜증을 냈던 나 자신이 부끄러웠다.

사람은 마음만 먹는다면 누구한테서나 배울 것이 있다. 자신이 강사로 나선 강연회에 강연을 들으러 온 사람, 올해 막 들어온 신입사원, 구직 활동을 하고 있는 학생, 출장길 비행기 안에서 우연히 옆에 앉은 외국인 등등, 상대는 수없이 많다. 그저 세상 돌아가는 이야기를 하다가 생생한 소비자의 목소리를 들을 수도 있다. 또 세대가 다르고 문화가 다른 사람들의 이야기를 통해서, 자신이 갖고 있는 상식이라는 것이 얼마나 독선적인 것이었는지를 깨달을 수도 있다. 상대를 불문하고 배우려 하는 자세야말로 겸허함을 단적으로 보여주는 징표인 것이다.

세 사람의 멘토를 곁에 두어라

회사란, 성장을 거듭해서 큰 조직이 되면 아무리 조심을 한다고 해도 대기업병이나 관료주의에 물들게 되어 있다. 실질적인 것보다 형식에 비중을 두고, 실력보다 직함을 중시하며, 목적도 불분명한 회의가 계속 이어지게 되는 것이다. 결국은 경영자의 귀에까지 진실의 목소리가 전달되지 않게 된다. 시끄럽게 잔소리를 해대는 사람이 없다는 것은, 당장은 편안할지 모르지만 사실은 상당히 위험한 상태이다.

늘 겸허함을 잃지 않으려면 자칫 오만함에 휩쓸리기 쉬운 자신의 마음을 붙잡아 줄 수 있는 사람이 필요하다. 인간은 약한 존재이다. 그렇기 때문에 직언을 해주는 사람이 필요하다. 이런 사람의 말에 귀를 기울일 때, 자기도 모르는 사이에 '절대로 내가 옳다는 생각'에 빠져 버리는 인간의 유약함을 극복할 수 있을 것이다.

옛날 중국 조정에는 간언을 담당하는 직책이 따로 있었다고 한다. 황제에게 고언을 올리는 것이 업무이기 때문에 쓴소리를 하지 않는 간언관은 직무 태만으로 벌을 받았다고 한다. 그리고 보면 옛날 위정자들이 현명했던 것도 같다. 자신을 다스리는 공식 조직까지 만들어 두었다니 말이다.

그러면 간언을 해주는 사람을 가까이에 두는 방법은 무엇일까? 나의 조언은 '세 사람의 멘토'를 만들라는 것이다.

지식이나 정보를 알려주는 사람을 '선생(teacher)'이라고 한다. 이에 반해 살아가는 용기와 인생의 지혜를 전해주는 사람을 '스승(mentor)'이라고 한다. 힘든 일이 있거나 뭔가가 답답하게 막혀 있어 달려가면, "이렇게 해보는 것이 어때?" 하면서 방향을 일러주고 조언을 해주는 존재. 사원들에게도 말할 수 없고, 집에서 이야기해 봐야 푸념으로 끝날 것 같은 문제를 편안히 털어놓을 수 있는 존재. 바로 이런 존재가 멘토이다.

내가 보기에는 최소한 세 사람의 멘토만 있다면, 인생에서 심각하게 넘어지는 일은 없지 않을까 싶다. 비록 한때 어려운 상황에 처하게 될지라도, 멘토의 도움을 받아서 다시 일어서는 노력을 할 수 있기 때문이다.

멘토를 찾는 방법은 여러 가지가 있을 수 있다. 회사 선배나 친척 어른, 학교 은사가 될 수도 있고, 아는 사람의 소개를 받을 수도 있다. 참가했던 세미나의 강사나 감명을 받은 책의 저자가 될 수도 있을 것이다.

멘토에게는 당신의 성공이 보답이다

"어떻게 하면 멘토를 찾을 수 있겠습니까?"

멘토가 있어야 한다는 말을 하면, 특히 젊은 사람들이 이런 질문을 많이 한다. 내 대답은 지극히 간단하다. 바로 이 사람이다 싶은 사람이 있으면 무조건 연락부터 해보라는 것이다.

어느 정도 경험과 연륜을 쌓은 사람들은, 젊은 사람이 조언을 구한다는 말을 들으면 흐뭇한 법이다. 현역 사장이라면 항상 바쁘기 때문에 시간을 내달라고 하기가 어려울 수도 있다. 그러나 정년퇴임을 한 경우라면 비교적 시간 여유가 있을 것이다.

요즘은 시대가 시대라서 그런지, 자기는 멘토에게 드릴 것이 아무것도 없다면서 조언의 '대가'에 신경 쓰는 젊은이들이 많은 듯하다. 그러나 나이가 지긋한 경영자나 퇴직한 경영자라면 이미 그런 손익계산서를 두드리는 단계는 넘어선 지 오래다. 혹시라도 그렇게 사리사욕에 악착같은 사람이라면, 멘토를 부탁한 쪽이 오히려 곤란해질지도 모르겠다. 그러나 평균적인 양식을 갖춘 사람이라면, "이 사람이 성공하는 데에 내 경험이 조금이라도 보탬이 된다면 좋겠다." 하는 성취감과 만족감을 느끼는 데서 충분히 의미와 보람을 찾을 것이다.

그리고 또 한 사람, 바로 자기 옆에 있는 멘토를 잊으면 안 될 것이다. 인생의 많은 부분을 함께해 온 사랑하는 사람 말이다. 가장 가까우면서도 가장 뼈아픈 소리를 해주는 존재. 안타깝게도, 그 뼈

아픈 소리의 3분의 2가 이치에 딱딱 맞는다는 것도 인정하지 않을
수가 없다. 세상에서 가장 신랄한 비평가이자, 세상에서 가장 소중
히 해야 할 간언관이라 하겠다.

'개선'이 쌓이면 '개혁'이 된다

변화하는 시대에는 우선 개혁을?

시대가 변하고 세상이 변하고 있다. 이 책에서도 여러 차례 변화의 중요성을 이야기했다. 틀림없이 많은 경영자들이 이런 생각들을 하고 있을 것이다. '과감하게 행동을 취해야 되겠다.'고 말이다.

세계가 급변하고 있다면서 다들 '개혁'을 부르짖고 있다. "지금까지 해온 방식을 한꺼번에 다 때려 부수고 과감한 개혁에 도전하자. 여기서 성공한다면 회사는 새로 태어나 크게 성장할 수 있을 것이다." 어쩌면 지금 이와 같은 창조적인 파괴를 수많은 경영자들이 꿈꾸고 있을지도 모르겠다.

이에 반해 '개선'이라는 것은 참으로 수수하다. 성과도 좀처럼 눈에 띄지 않는다. 사람은 눈에 잘 보이는 변화가 아니면 뭔가 부족하다고 느낀다. 예를 들어 하루에 30분씩 책 읽기를 5년 동안 계속하면 깊은 지식과 교양을 쌓을 수 있다는 말을 들었다고 해보자. 고작 한 달 또는 길어야 반년 정도 하고 나서는, 별로 눈에 띄게 달라진 게 없다고 생각한다. 그러고는 이런 것이 과연 의미가 있을까 물으며, 차라리 술이나 한잔 하고 빨리 잠자리에 드는 것이 낫겠다는 결론을 내려 버리는 것이다.

그러면 수수하기 짝이 없는 개선은 별 의미가 없는 것일까? 물론 그렇게 단정할 수는 없다.

예를 들어 '비용 삭감'이라는 목표가 있다고 하자. '전년도 대비 50퍼센트 삭감'이라는 목표를 세운다면, 이거야말로 '개혁'이라고 불러 마땅한 커다란 변화일 것이다. 그러나 '전년도 대비 5퍼센트 삭감'이라고 하면, 가까스로 '개선'의 범위에 들어갈 것이다. 50퍼센트에 비해 5퍼센트는 정말로 수수함 그 자체다. 틀림없이 사원들도 "애걔, 5퍼센트?" 하는 반응일 것이다.

'개선'을 계속하면 '개혁'이 된다

그런데 여기서 잠깐만 생각을 해주기 바란다. 만약 '전년도 대비 5퍼센트 삭감' 목표를 13년 동안 계속한다고 하면 어떻게 될까? 삭감률은 실로 50퍼센트에 이르게 된다. '개선'을 계속한 결과, 50퍼센트라는 '개혁'에 성공한 셈이 되는 것이다.

뿐만 아니라 커다란 변화를 동반하는 개혁은 회사 안팎으로 강한 저항과 반발을 불러올 소지가 있다. 개혁을 밀고 나가는 동안에는 그야말로 피를 흘릴 각오도 해야 한다. 그리고 일시적으로 균형을 잃은 조직을 다시 일으켜 세울 대책도 마련해야 한다. 이에 비해 개선은 우선 사원들의 저항이 그렇게 크지 않다. 그리고 비교적 수월하게 착수할 수가 있다.

그래서 나는 '우선 개선부터' 할 것을 강하게 추천한다. 착실하고 수수하게 개선을 계속하면, 언젠가는 개혁에 이르는 결과를 얻게 된다. 개선도 오래 하면 개혁이 된다는 말이다.

물론 경영 환경이 크게 변하면, 회사의 전략 자체를 대담하게 전환해야 할 필요가 생길 수도 있다. 이것은 개선을 이야기할 수 있는 경우가 아니다. 일부 사업을 철수하거나 공장을 폐쇄하거나 해외 진출을 꾀하는 등, 바로 개혁에 도전해야 하는 상황인 것이다.

그러나 개혁 단행이란 가장 먼저 취해야 할 선택지가 아니다. 우선은 제대로 된 개선 활동을 지속적으로 실행해 보자. 그리고 그것만으로는 결말이 안 나겠다는 판단이 섰을 때, 비로소 개혁이라는 카드를 꺼내야 한다. 모든 일에는 순서가 있는 법이다.

경영이란 수수하고 작은 업무들이 착실하게 쌓여서 만들어진 결과물이다. 금방 눈에 띄지 않는 변화와 착실한 개선 사항들을 하나씩 하나씩 철저히 그리고 지속적으로 행할 수 있는가? 아무래도 경영의 기본은 당연히 해야 할 일을 철저하게 하는 데에 있는 것 같다.

맺는 글
위기의 시대일수록 기본으로 돌아가라

유례없는 불황이 세계를 덮치고 있다. 경영자, 특히 중소기업 경영자의 고충이 어느 정도일지 깊이 공감하지 않을 수가 없다. 그러나 100년에 한 번 찾아오는 불황이라는 둥 하면서 위기감을 부채질하고 있는 사람들은, 경영 현장에 몸담고 있지 않은 경제전문가나 학자들이다. 100년에 한 번이든 500년에 한 번이든, 그런 것은 아무래도 좋다. 경영자에게 문제가 되는 것은 단지 이 어려움을 어떻게 뛰어넘을 것인가 하는 것밖에 없다.

경영의 발목을 붙잡고 늘어지는 겨울바람이 혹독할수록 경영자에게 필요한 것이 있다. 이 책에서 일관되게 이야기한 '경영의 원리원칙'이다. 이것을 모르고서는 기업의 지속적인 성장은 있을 수 없다. 이것이 오랜 동안 비즈니스 현장에서 밥벌이를 해온 나의 절절한 경험이고 마음이다. 잘되는 회사란, 잘될 것 같은 일을 확실하게 해나가는 회사이다.

서점에 가면 경영이나 리더십에 관련된 책이 그야말로 산더미같이 쌓여 있다는 것을 잘 알고 있다. 지당하신 말씀을 나열한 책이 셀 수도 없이 많다.

그러나 오랜 동안 경영 현장에서 잔뼈가 굵은 사람으로서 그런 책 중에 납득이 되는 책이 하나도 없다. 다 읽고 나면 "그래서 어쩌라고?" 하는 소화불량성 앙금이 가슴속에 남을 때가 많았다. 대부분의 경영서가 현실성이 약하고 설득력이 부족했으며, 공감이 되거나 감명 받을 만한 내용이 없었다. 반면에 성공한 경영자들이 쓴 책은 역시 배울 만한 점이 많았다. 그러나 보편성이 떨어지는 자기 자랑으로 흘러가는 점이 아쉬웠다.

그래서 이런 생각이 들기 시작했다. 경영이나 리더십의 원리원칙을 확실히 짚어주면서도 설득력 있고 마음에 팍팍 와 닿으며 내 일부터라도 당장 유용하게 활용할 수 있는 책, 그런 책을 쓸 수는 없을까? 일본 자본주의의 아버지라고 불리는 시부사와 에이이치는 "오른손에는 논어를, 왼손에는 주판을."이라는 유명한 말을 남겼다. 내가 지향하는 책은 이렇다. "오른손에는 이념을, 왼손에는 실천 방법을." 경영론에 관해 쓴 책은 많지만, 이론과 실천의 균형을 살려서 나름대로 체계화한 '원리원칙'에 관한 책은 전무하기 때문이다.

나는 이 책에서, 경영의 '불역(不易)'이라고 할 수 있는 원리원칙을 확실하게 짚어가면서, 한편으로는 깊이 공감하고 납득할 수 있는 실천 방법을 함께 담아내고자 노력했다. 이 책을 읽는 경영자들의 눈에 과연 어떻게 비쳤을지 모르겠다. 기회가 주어진다면, 꼭 의견을 들려주시기 바란다.

앞으로 경영 환경이 어떻게 전개되어 나갈지는 알 수 없다. 그러나 여러분의 회사가 경영의 원리원칙만 착실히 수행한다면 앞으로 건전하게 성장해 나갈 것이라고 나는 확신한다. 여러분 회사가 한층 더 발전하기를 마음 깊이 기원한다.

아타라시 마사미